21世纪
海上丝绸之路

水运高质量发展路径探析

主 编◎朱乐群 周 然 李晓君

四川科学技术出版社

图书在版编目（ＣＩＰ）数据

21世纪海上丝绸之路水运高质量发展路径探析 / 朱乐群，周然，李晓君主编 . -- 成都：四川科学技术出版社，2023.7

ISBN 978-7-5727-0978-4

Ⅰ.①2… Ⅱ.①朱… ②周… ③李… Ⅲ.①海上运输—丝绸之路—水路运输经济—经济发展—研究 Ⅳ.①F551.3

中国国家版本馆CIP数据核字（2023）第120361号

21世纪海上丝绸之路水运高质量发展路径探析

主　　编　朱乐群　周　然　李晓君

出 品 人　程佳月
责任编辑　胡小华
封面设计　墨创文化
责任出版　欧晓春
出版发行　四川科学技术出版社
　　　　　　成都市锦江区三色路238号　邮政编码 610023
　　　　　　官方微博 http://weibo.com/sckjcbs
　　　　　　官方微信公众号 sckjcbs
　　　　　　传真 028-86361756
成品尺寸　170mm×240mm
印　　张　8.5　字数170千
印　　刷　成都一千印务有限公司
版　　次　2023年7月第1版
印　　次　2023年7月第1次印刷
定　　价　42.00元

ISBN 978-7-5727-0978-4

邮购：成都市锦江区三色路238号新华之星A座25层　邮政编码：610023
电话：028-86361770

本书编委会

主编

朱乐群　周　然　李晓君

编委

戴明新　赵洪波　彭士涛　郑　霖　王壹省　张　意

冯小香　薛寒冰　吕传音　尹子卉　牛思源　朱　峻

陈志铭　李　莹　韩克玉　陈诗洁　聂　铖　张琴苒

前　言

　　当前，世界百年未有之大变局正加速演变，随着经济全球化的不断深入发展，各国各地区的经济、政治、文化、社会联系空前紧密，不同文明的对话与交流日益频繁，维护持久和平、践行合作共赢、促进共同发展成了人心所向、大势所趋，也为今后世界各国的持续合作奠定了重要的现实依据。与此同时，世界面临的不确定性、不稳定性增加，新一轮科技革命和产业变革带来的激烈竞争前所未有，气候变化、疫情防控等全球性问题对人类社会带来的影响前所未有，各种摩擦、冲突和局部战争时有发生，共建"一带一路"面临重要机遇，也面临日趋复杂的国际环境。

　　21世纪海上丝绸之路倡议自2013年提出以来，得到了国际社会的广泛关注和积极响应。从古至今，海运一直在国际货物贸易与人员交往中扮演着关键角色。推动21世纪海上丝绸之路高质量发展是当前和今后一个时期确定发展思路、制定经济政策、实施宏观调控的根本要求。站在新的起点上，需要围绕共建"一带一路"的新形势与新要求，谋划21世纪海上丝绸之路高质量发展的新方向与新重点。

　　在充分认识21世纪海上丝绸之路水运高质量发展面临的新要求下，本书编委会在长期跟踪21世纪海上丝绸之路水运发展工作的基础上，以分析21世纪海上丝绸之路水运高质量发展路径为主题，开展资料收集整理、核心观点提炼加工、文字撰写编排等工作，最终编著成本书，以求与从事相关研究的学者分享观点，为相关决策制定提供咨询。

　　本书系统梳理了21世纪海上丝绸之路水运高质量发展所处的政策背景与外部环境，通过阶段性的数据汇总整理，总结了当下发展的基础条件，结合最新国际形势与热点问题，进一步梳理了发展面临的挑战与机遇。在形势总体分析把握的基础上，提炼总结21世纪海上丝绸之路水运高质量发展的总体要求，并尝试用宏观决策视角围绕保障总体安全、深化设施联通、深耕智慧绿色与坚持合作共赢四个方面探讨了进一步推动相关工作的发展路径。

本书共分为9章，各章的内容如下。

第一章是21世纪海上丝绸之路水运高质量发展背景。从高质量发展理念提出的历程梳理，结合当下"一带一路"高质量发展的顶层设计要求，对发展的政策背景做出宏观描述，以求建立对于发展所处阶段的总体认识。

第二章是21世纪海上丝绸之路水运高质量发展外部环境。从政治、经济、社会与技术四个维度，梳理发展的外部环境，以求对于百年未有之大变局的新形势有更好的理解，对于未来所处的环境和趋势有一个基本的认识。

第三章是21世纪海上丝绸之路水运高质量发展基础条件。从水运系统构成要素"港、线、船、企"四个方面，对现有的发展成绩与总体情况做梳理与介绍，这些基础条件是谋划高质量发展的前提与基石。

第四章是21世纪海上丝绸之路水运高质量发展面临的挑战与机遇。与第二章对外部环境的分析相承接，进一步探讨设计下一步发展路径需要面对的主要挑战与潜在的机遇，为发展路径的选择提供分析基础。

第五至第九章是21世纪海上丝绸之路水运高质量发展路径的总体要求和设计，其中保障总体安全、深化设施联通、深耕智慧绿色与坚持合作共赢四大主要路径与相关具体措施建议的提出，构建出高质量发展的总体图景，是本书编委会对近年来研究工作的梳理，也是本书主要贡献所在。

限于作者水平，书中疏漏之处在所难免，恳请读者批评指正。

目 录

第一章

21世纪海上丝绸之路水运高质量发展背景

第一节　高质量发展背景

高质量发展，是指发展到达一定阶段后，发展的环境和外部的需求等都发生了变化，进入了新的更高层次的发展阶段。市场竞争日益激烈，人们对产品和服务的品质提出了更高的要求，过去高耗能、高污染的粗放式生产方式难以为继，需要转变生产方式，以实现更安全、更环保、更高质量的发展。早在2014年，就有"我国经济进入新常态后，经济增长速度从高速增长转向中高速增长，经济增长方式从规模速度型粗放增长转向质量效率型集约增长，经济结构从增量扩能为主转向调整存量、做优增量并举的深度调整，经济发展动力从传统增长点转向新的增长点"等重大变化。这些变化，是不以人的意志为转移的经济发展的客观必然。因此，认识新常态、适应新常态、引领新常态是当前和今后一个时期中国经济发展的大逻辑。

中国特色社会主义进入了新时代，中国经济发展也进入了新时代。推动高质量发展，既是保持经济持续健康发展的必然要求，也是适应中国社会主要矛盾变化和全面建成小康社会、全面建设社会主义现代化国家的必然要求，更是遵循经济规律发展的必然要求。建设现代化经济体系是跨越关口的迫切要求和中国发展的战略目标。实现这一战略目标，必须坚持质量第一、效益优先，推动经济发展质量变革、效率变革、动力变革，提高全要素生产率，不断增强中国经济创新力和竞争力。归根结底，就是要推动高质量发展。推动高质量发展是当前和今后一个时期确定发展思路、制定经济政策、实施宏观调控的根本要求。

第二节　"一带一路"高质量发展总体要求

一、发展历程与成就

"一带一路"倡议，是对21世纪全球面临的政治、经济和人道主义危机所提出的及时的解决方案，是全球化和国际合作新模式的有益探索，为促进国际合作搭建了重要平台、提供了新思路，并发挥了核心引领作用。

共建"丝绸之路经济带"的首次倡议。2013年9月7日，习近平总书记在哈萨克斯坦纳扎尔巴耶夫大学演讲。演讲中有"为了使欧亚各国经济联系更加紧密、相互合作更加深入、发展空间更加广阔，可以用创新的合作模式，共同建设'丝绸之路经济带'"等相关内容。这是一项造福沿途各国人民的大事业，要加强政策沟通、道路联通、贸易畅通、货币流通、民心相通，以点带面，从线到片，逐步形成区域大合作。这是共建"丝绸之路经济带"倡议的首次提出。

共建"21世纪海上丝绸之路"的首次倡议。2013年10月3日，习近平总书记在印度尼西亚国会演讲。演讲中有东南亚地区自古以来就是海上丝绸之路的重要枢纽，中国愿同东盟国家加强海上合作，共同建设21世纪海上丝绸之路，携手建设更为紧密的中国—东盟命运共同体；中国致力于加强同东盟国家的互联互通建设；中国倡议筹建亚洲基础设施投资银行，愿支持本地区发展中国家包括东盟国家开展基础设施互联互通建设等相关内容。演讲首次提出共建21世纪海上丝绸之路的倡议，同时倡议筹建亚洲基础设施投资银行。

2014年11月4日，习近平总书记在中央财经委员会第八次会议上作了《加快推进丝绸之路经济带和二十一世纪海上丝绸之路建设》的讲话，首次集中阐述推进"一带一路"建设的重大意义和工作要求。2015年，中国政府发布《推动共建丝绸之路经济带和21世纪海上丝绸之路的愿景与行动》，提出以政策沟通、设施联通、贸易畅通、资金融通、民心相通为主要内容，坚持共商、共建、共享原则，积极推动"一带一路"建设，得到国际社会的广泛关注和积极回应。共建"一带一路"致力于亚、欧、非大陆及附近海洋的互联互通，以"一带"和21世纪海上丝绸之路为纽带，将活跃的东亚经济圈与发达的欧洲经济圈紧紧联结在一起。2016年1月16日，亚洲基础设施投资银行（简称亚投行）开业仪式在北京钓鱼台国宾馆举行，57个成员国代表共同按下启动键，亚投行是全球首个由中国倡议设立的多边金融机构，重点支持亚洲地区及"一带一路"有关沿线国家的基础设施建设，促进经济合作。2018年12月16—17日，"一带一路"国际合作高峰论坛咨询委员会第一次会议在北京举行。2019年4月27日，"一带一路"国际合作高峰论坛咨询委员会第二次会议在北京召开。

中国从2014年提出"政策沟通、设施联通、贸易畅通、资金融通、民心相通"，到2017年提出"和平之路、繁荣之路、开放之路、创新之路、文明之路"，再到2020年提出"合作之路、健康之路、复苏之路、增长之路"，始终本着和平合作、开放包容、互学互鉴、互利共赢的丝路精神推进合作，彰显了世界各国同舟共济、权责共担的全球发展命运共同体意识，为推动世界经济可持续发展贡献了新理念、新思路、新方案。通过共建"一带一路"，提高了国内各区域开放水平，拓展了对外开放领域，推动了制度型开放，构建了广泛的朋友圈。截至2021年，"六廊六路多国多港"的互联互通架构基本形成，一大批合作项目落地生根，中国已与140个国家、32个国际组织签署200多份共建"一带一路"合作文件，建立了90多个双边合作机制，已与日本、意大利等14国签署第三方市场合作文件。有关合作理念和主张写入联合国、二十国集团、亚太经合组织、上海合作组织等重要国际组织的成果文件。与沿线国家货物贸易额累计达到10.4万亿美元，对沿线国家非金融类直接投资超过1 300亿美元。从2013年到2020年，中国与"一带一路"沿线国家货物贸易额占中国对外贸易总额的比重提高了4.1个百分点。中欧班列截至2021年10月底已铺画73条运行线路，通达欧洲23个国家和175个城市，累计开行超4.6万列。据世界银行研究报告，共建"一带一路"倡议将使相关国家760万人摆脱极端贫困、3 200万人摆脱中度贫困；将使参与国贸易增长2.8%~9.7%、全球贸易增长1.7%~6.2%、全球收入增加0.7%~2.9%。

二、总体要求

当前，世界百年未有之大变局正加速演变，新一轮科技革命和产业变革带来的激烈竞争前所未有，气候变化、疫情防控等全球性问题对人类社会带来的影响前所未有。共建"一带一路"面临重要机遇，也面临日趋复杂的国际环境。站在新的起点上，想要坚定不移地推动共建"一带一路"高质量发展，一要统筹走出去和引进来，加强国际经贸合作。积极引进高端资源要素，提升产业链、供应链现代化水平。二要统筹两个市场两种资源，切实扩大对外贸易。持续推进互联互通建设，推动公路、水运、航空等与中欧班列有效衔接，深入实施外贸综合实力提升工程，抓好自贸区、保税区等建设，打造对外开放合作新高地。三要统筹陆海双向开放，加快沿海经济带高质量发展。持续深化海洋装备制造、生物制药、海洋旅游等领域的国际交流合作，培育新的经济增长点。四要统筹经济合作与人文交流，持续加强与国际友城的友好往来，深化科技创新、生态环保、公共卫生、人文交流合作。推动清洁能源、绿色装备、绿色技术等节能环保服务和产品走出去，加强中医药、健康、文化旅游和冰雪产业交流合作；五要统筹发展和安全，有效防范境外投资风险隐患。压紧压实企业主体责任和主管部门管理责任，健全风险防控体系，强化境外项目研判和风险防范，有效维护企业合法权益。

第二章

21世纪海上丝绸之路水运高质量发展外部环境

第一节　政治环境

新兴市场国家和发展中国家群体性崛起，深刻地改变着世界地缘政治格局，国际机制建设进入爬坡期，全球治理体系面临变革。世界需要新兴国家作为国际机制建设和改革的推动者，主动承担相应的责任，捍卫发展中国家的发展权利，并建立更符合大多数国家发展利益的国际规范。

和平发展的时代主题和时代命题仍将长期保持不变。从时代主题方面讲，国际社会的主流要求不是战争和意识形态斗争，而是谋和平、求发展、促合作。世界本身已经成为一个多极多元交汇的复合体。多极多元既表示大国会发挥重要作用并承担更大责任，也表明大国的作用和责任是在与其他国际社会成员的协调、协商、协作之中显现出来的。多极多元的交汇则意味着世界会出现更加明显的权力分散和下沉态势，霸权和两极所表现的权力集中、少数国家主导世界的时代已经成为过去，共商、共建、共享才是世界和平、发展和进步的实践原则和基本保证。整体而言，新一轮科技革命和产业变革蓬勃发展，推动国家间的比较优势和发展优势持续调整，世界各国相互联系、相互依存达到前所未有的广度和深度，和平、发展、合作、共赢的时代潮流不可逆转。

"一带一路"沿线国家政治制度各异，部分国家经济发展、社会发展不平衡，不可避免地带来各种政治风险。"一带一路"沿线部分国家和地区因政局动荡、党派纷争，政策连续性、稳定性较差，加大了"一带一路"合作项目的隐形风险。共建"一带一路"机遇与挑战并存，挑战前所未有，机遇前所未有。

但总体来看，随着"一带一路"建设向聚焦重点方向、重点国家的高质量发展方向转变，以中国为代表的广大"一带一路"沿线国家和地区孕育着新的发展机遇。新兴市场国家和发展中国家的群体性崛起速度之快前所未有，国际格局进一步向积极的方向发展。

第二节　经济环境

国际金融危机爆发至今已经是第12个年头，世界经济增长仍低于危机前水平。从历史上看，以往每次世界经济遭受金融危机或者其他外部冲击以后，只需要三四年的时间增速就能恢复到趋势线以上，但2008年国际金融危机爆发以后，世界经济增长经过10多年的恢复期却仍低于危机前水平。一个明显的现象是，受逆全球化日渐得势、贸易保护主义思潮涌动等因素影响，贸易增长低于经济增长，贸易对经济增长的支撑作用下降。当前，世界范围内新技术、新产业发展方兴未艾，但能够持续引领世界经济增长的革命性技术和产业仍未形成，全球经济增长不得不越来越依赖刺激政策，长期存在的结构性问题依然未能得到有效解决，经济全球化遭受逆全球化冲击。

受到欧债危机、难民危机、英国"脱欧"和新型冠状病毒感染引起的疫情（简称新冠疫情）等一系列重大问题的困扰，2020年的全球经济面临第二次世界大战后最严重的衰退。美国经济增长率为-4.3%，欧元区经济增长率为-8.3%，新兴市场和发展中国家为-3.3%。欧盟的绝对实力和相对实力都有了明显的下降。从单个欧盟成员国的角度来看，2020年全年，德国GDP下降5.0%，法国下降8.3%，西班牙下降11.0%，波兰下降2.8%，比利时下降6.2%，立陶宛下降1.3%。2020年，日本实际国内生产总值大幅下降4.8%，为1955年有统计以来第二大年度降幅。

世界经济全球化发展势头在新冠疫情中遭遇强阻，疫情对世界经济的影响更是全方位的。新冠疫情导致服务贸易大幅受损，比如国际旅游业和国际教育产业。在国际贸易方面，疫情引发了世界贸易的衰退。据国际货币基金组织（IMF）测算，2020年全球经济萎缩幅度约为4.4%，相当于2009年世界经济危机跌幅的7倍，是20世纪30年代世界经济大萧条以来最严重的衰退。

第三节　社会环境

新冠疫情对各国国内和国际形势都造成巨大冲击，它大大加速了国际格局中的一些既有趋势，催生出极为深远的综合性影响。这场疫情使人类社会的快速发展按了"暂停键"，直接导致全球经济、发展势头放缓、社会失业增加。各国抗疫政策不同、所受冲击不同、客观效果不同，这场疫情迫使各国政府更加重视维持内部稳定和解决内部问题。部分大国开始思考强化本国经济安全，减少对外部世界特别是竞争对手的经济依赖，将供应链转移至本国国内、地缘邻近地区或者更加可靠的伙伴国等。这对既有的全球化格局冲击很大。

气候变化是国际社会面临的最重要的全球性问题，已经对人类生存和可持续发展构成了现实挑战。近年来，全球气温普遍上升，气候变化带来了经济增长、生产活动、科技创新和环境治理等方面的严重问题。首先，极端气候事件会从需求和供给两个方面对宏观经济形成冲击。需求层面，极端气候事件增加了经济的不确定性，冲击社会投资；造成了房屋等财产的损失，冲击消费；阻碍了进出口流动，冲击国际贸易。供给层面，极端气候事件使得工作时间减少和劳动力流失，冲击劳动力市场的供给；致使能源和基础设施建设等其他投入要素短缺，冲击资本存量。其次，极端气候事件通过银行业、保险业和证券业对金融市场产生冲击。2021年全球范围内爆发了多起罕见的极端天气事件，2022年初汤加火山爆发更是引发全球关注。更为极端的气候事件爆发及随之而来的粮食减产、气候难民、供应链紊乱等全球性问题应该引起国际社会的高度重视。2021年11月13日，《联合国气候变化框架公约》第26次缔约方会议在英国格拉斯哥落下帷幕，会议最终通过了名为《格拉斯哥气候公约》的决议。此次会议的一大亮点就是正式确立起全球碳中和的国际共识。毋庸讳言，这表明在碳中和时代，单一的二氧化碳直接减排路径已远远不能适应国际社会全面应对气候变化的现实诉求，而一个综合性、系统性的碳减排战略需要被赋予更高的价值内涵；同时也意味着碳中和下的气候制度安排亦将进入一个规则协同的新阶段。

第四节　技术变革

在第一次工业革命（"蒸汽机时代"）、第二次工业革命（"电气时代"）、第三次工业革命（"信息时代"）之后，世界正在开启以人工智能、清洁能源、机器人技术、量子信息技术、虚拟现实及生物技术为主的第四次工业革命，科技对经济促进和催化作用可望达到历史的新高。新一轮科技革命将改变产业竞争和分工模式。全球经济的每一次长周期变化都折射出重大科技革命对经济增长的影响。以物联网、机器人技术、人工智能、3D打印、新型材料等为典型的新一轮科技革命正在快速发展，由此而带来的新技术、新产业、新业态、新模式不断兴起，正在重塑全球的产业竞争和分工模式。一是新技术将改变传统分工。自动化和人工智能正在被广泛应用到各行业，低技能劳动力面临转型甚至失业压力，过去由人力成本优势决定的传统分工格局将转变。二是传统产业竞争更加激烈。随着全球交通基础设施和通信技术的发展，越来越多的落后国家和地区开始参与全球分工，新技术使传统产业参与门槛降低，传统产业和价值链的低技术环节在全球价值链中获利将越来越低。三是数据作为资源的重要性与日俱增。数据资源成为经济和社会活动（如社会治理）中非常重要的资源，其正在改变人们的消费、交易、互动、组织和工作方式。《中华人民共和国国民经济和社会发展第十四个五年规划和2035年远景目标纲要》提出，"加强原创性引领性科技攻关""瞄准人工智能、量子信息、集成电路、生命健康、脑科学、生物育种、空天科技、深地深海等前沿领域，实施一批具有前瞻性、战略性的国家重大科技项目"。面对当今社会形势的重大变革，只有洞察世界科技的最新动向，抓住科技创新这一关键变量，才能把握发展机遇，在新的历史时期立于科技发展的潮头。

第三章
21世纪海上丝绸之路水运高质量发展基础条件

第一节　港　口

一、国内港口

目前，中国港口规模不断扩大，已构成"布局合理、层次分明、功能齐全"的港口格局，建成了环渤海、长江三角洲、东南沿海、珠江三角洲和西南沿海区域规模庞大并相对集中的五大沿海港口群，形成了煤炭、石油、铁矿石、集装箱、粮食、商品汽车、陆岛滚装和旅客运输等8个运输系统的综合布局，为畅通中国"双循环"提供了强大的新动能。截至2020年底，沿海港口万吨级以上泊位2 576个，综合通过能力91亿吨。港口货物吞吐量和集装箱吞吐量位居全球第一，在全球港口货物吞吐量和集装箱吞吐量排名前10名的港口中，中国港口均占7席，中国已经成为全球海运连接度最高、货物贸易额最大的经济体。

《推动共建丝绸之路经济带和21世纪海上丝绸之路的愿景与行动》中明确提出上海、天津、宁波—舟山、广州、深圳、湛江、汕头、青岛、烟台、大连、福州、厦门、泉州、海口、三亚为21世纪海上丝绸之路发展的重点港口，构成了水运高质量发展的基础港口网络。下面对部分港口当前的发展情况做介绍。

（一）上海港

上海港位于长江三角洲前缘，居中国18 000公里大陆海岸线的中部，扼长江入海口，地处长江东西运输通道与海上南北运输通道的交汇点，是中国沿海的主要枢纽港，中国对外开放、参与国际经济大循环的重要口岸。经过半个多世纪的建设和发展，上海港已成为一个综合性、多功能、现代化的大型主枢纽港，并跻身于世界大港之列。上海港与全球214个国家和地区的500多个港口建立了集装箱货物贸易往来，国际班轮航线遍及全球各主要航区。世界各大班轮公司在上海港开设了通航206个国家和地区的600多个航班。上海港每月的国际航班数超过1 300班，是世界上航线密度最大的港口，航线覆盖了亚欧航线、中东航线、非洲航线、东南亚航线，绝大部分都在海上丝绸之路的轨迹上，上海港与海上丝绸之路沿线国家与地区的海向腹地范围扩大明显。目前，上海港与美国洛杉矶港，德国汉堡港，日本大阪港、博多港，法国敦刻尔克港、勒哈弗尔港等众多港口通过"友好港口"、合作运营等形式积极在"一带一路"沿线进行相关合作。中国上海港还和希腊最大的港口比雷埃夫斯港管理方签署了新的合作协议，进一步加强两大港口经贸和其他领域的合作。双方将进一步深化港口、航运、航运服务及航运金融领域的合作，一同推进"一带一路"沿线重要港口的合作与发展，为更好地建设上海国际航运中心、深化中国与希腊友好合作提供新鲜动力。

（二）天津港

天津港处于京津城市带和环渤海经济圈的交汇点上，是"一带一路"的重要支点、京津冀协同发展建设北方国际航运核心区的基础支撑、中国（天津）自由贸易试验区的重要组成部分、天津滨海新区对外开放的门户，连接东北亚与中西亚的纽带。天津港是天津市与"一带一路"沿线国家互联互通的主要窗口，在运输规模、航线航班密度、运输组织能力、国际通达度等方面均位居中国沿海前列。截至2019年底，天津港已开辟130条集装箱班轮航线，其中挂靠海上丝绸之路的集装箱班轮航线超40条，涉及新加坡、印度、巴基斯坦、土耳其、南非、西班牙、法国、德国等国家和地区的40多个港口，每月通达"一带一路"沿线国家的集装箱航班超过300班。目前，天津港向东开放，已构建联通日韩密集航线航班；推进"津新欧"物流基地、东疆澳洲国际食品园等"一带一路"重点项目建设，打造"一带一路"国家地区产业合作平台；先后与荷兰阿姆斯特丹港、韩国仁川港、法国马赛港、意大利德里亚斯特港等港口建立友好港关系，与新加坡港、阿联酋迪拜港、比利时安特卫普港、德国汉堡港等港口建立良好关系或签署友好交往备忘录。2019年，天津港集团与新加坡PSA国际港务集团有限公司在滨海新区签署战略合作框架协议，双方紧密围绕共建"一带一路"，深化中新两国经贸合作，助力加快北方国际航运核心区建设，共同推动天津实现更高水平对外开放、经济更高质量发展。

（三）宁波—舟山港

宁波—舟山港位于中国东南沿海，大陆海岸线中部、"长江经济带"南翼，背靠长江经济带与东部沿海经济带"T"形交汇的长江三角洲地区，为中国对外开放一类口岸，是中国大陆重要的集装箱远洋干线港、沿海主要港口和国家综合运输体系的重要枢纽。2020年底，宁波—舟山港已拥有各类航线257条，东南亚航线覆盖了越南、泰国、缅甸、马来西亚、印度尼西亚、新加坡、菲律宾、柬埔寨等东南亚主要国家，成为东南亚国家输往日韩、北美等地国际贸易货源的重要中转站。截至目前，宁波—舟山港已与英国菲利克斯托港、法国马赛港、意大利利沃尔诺港等20多个"一带一路"沿线港口建立了友好港关系。

（四）广州港

广州港地处珠江入海口和珠江三角洲地区中心地带，广州港作为中国华南地区最大的综合性枢纽港，为广州和腹地经济的发展做出了重要的贡献，是泛珠江三角洲经济区域的出口通道和中国最重要的对外贸易口岸之一。广州港与沿海及长江的港口海运相通，国际海运通达世界80多个国家和地区的350多个港口，与国内100多个港口通航。其中，远洋国际航线主要有：红海线、欧洲线、东南亚线、美西线、美加线、地中海线、西非线、非洲线、美洲线、日本线、韩国线等。近年来，广州港大力推进与"一带一路"沿线国家港口间的友好交流合作，先后与土耳其伊兹密尔港、印度蒙德拉港、马来西亚巴生港与马六甲港、泰国林查班港、俄罗斯圣彼得堡港、波兰格但斯克港、印度尼西亚丹戎不碌港、阿塞拜疆巴库港、希腊比雷埃夫斯港、尼日利亚拉各斯港、斐济苏瓦港等"一带一路"沿线港口建立友好合作关系，促进港口间交流互访和经贸往来。

（五）深圳港

深圳港位于广东省珠江三角洲南部、珠江入海口、伶仃洋东岸，毗邻香港，是珠江三角洲地区出海口之一。深圳港的建设与深圳经济特区同步发展，在推动各行业的发展、扩大对外交流等方面，发挥着重要的作用。深圳港已成为华南地区极具影响力的集装箱大港，是连接"一带一路"的国际航运中心。深圳港国际集装箱班轮航线覆盖了世界十二大航区，通往100多个国家和地区的300多个港口。目前深圳港已经与荷兰鹿特丹港、德国汉堡港、韩国仁川港、美国弗吉尼亚港等26个国际港口建立了友好港口关系，通过与各大友好港的信息对接与服务对接，以深圳港为中心的全球港口链已初具规模，链条通达世界各大洲，为全球客户提供现代化的便利服务。

（六）青岛港

青岛港位于环渤海地区港口群、长江三角洲港口群和日韩港口群的中心地带，是全国沿海主要港口、外贸集装箱运输干线港、外贸进口原油和铁矿石运输主要接卸港、北方煤炭装船港、邮轮始发港，被列为东北亚国际航运中心和世界重要航运枢纽的龙头。青岛港自"一带一路"倡仪提出以来，不断完善自身的"国际化战略"，从国际友好港缔结、海铁联运、海外项目投资合作等方向做出布局，缔结了21个"一带一路"沿线朋友，青岛港国际集装箱班轮航线总数已有160多条。其中，直达东南亚、中东、地中海、欧洲、黑海、俄罗斯、非洲、澳洲的航线数量达到65条，构筑起了联通"海上丝绸之路"沿线国家和地区的庞大海上贸易航线网络，为沿线国家和地区的贸易往来提供便利与支持。目前，该港已经先后到东南亚、中东、欧洲、非洲等24个"一带一路"沿线重要战略节点国家和地区，推介港口、拜访船公司总部、搭建平台、推进合作。先后与吉布提港、埃及塞得港、马来西亚巴生港、俄罗斯圣彼得堡港建立友好港关系，并与巴西淡水河谷、罗马尼亚康斯坦察港、波兰格旦斯克港等12家海内外合作伙伴签署了战略协议，持续深化合作，构筑着联通世界的大格局。

（七）大连港

大连港位于辽东半岛南端，濒临黄海，是一个天然深水良港，是南北水陆交通的重要枢纽，也是中国最大的散粮、石油进出口岸及主要对外贸易港口，是正在兴起的东北亚经济圈的中心，是该区域进入太平洋、面向世界的海上门户。大连港集团与世界上160多个国家和地区、300多个港口建立了海上经贸航运往来关系，开辟了集装箱国际航线75条，已成为中国主要集装箱海铁联运和海上中转港口之一。大连港是中国面向太平洋最近的国际港口，是21世纪海上丝绸之路的重要节点，拥有覆盖国内外300多个地区的发达的航线网络，主要包括22内贸航线和86条外贸航线。目前，大连港与日本的北九州港、横滨港、伏木港、富山港，美国的奥克兰港、休士顿港，加拿大的温哥华港结为友好港。

（八）厦门港

厦门港位于中国东南沿海、台湾海峡西岸，是中国沿海主要港口之一，是国家一类开放口岸、中国东南国际航运中心、全国综合运输体系的重要枢纽、集装箱运输干线港、对台航运主要口岸，也是闽南、闽西的主要出海口岸。厦门港集装箱班轮通达全球，对外覆盖欧洲、美国、波斯湾、非洲、南美、澳洲及日本、韩国和中国香港、中国台湾等50多个国家和地区的130多个港口；对内连接大连、上海、潮州等10余个国内港口。全港集装箱航线达142条，其中远洋航线34条、近洋航线40条、港台航线10条、内支线15条、内贸线43条；周航班202班，其中100条国际航线遍及北美、欧洲、中东、澳洲、红海、非洲、东南亚及东北亚等地，"一带一路"航线达66条。厦门港先后与德国杜伊斯堡港，乌克兰伊利乔夫斯克港，西班牙拉斯帕尔玛斯港，韩国木浦新港、平泽港、光阳港、釜山港，美国巴尔的摩港、埃福格莱兹港、迈阿密港，比利时泽布鲁日港，马来西亚巴生港，爱尔兰科克港，澳大利亚弗林德斯港，智利圣安东尼奥港等15个港口建立友好合作关系。

二、国际港口

据不完全统计，21世纪海上丝绸之路沿线主要国家共有1 063个港口，其中主要集装箱港口与主要大宗货物港口信息如表3-1和表3-2所示。主要集装箱港口除中国的以外有67个，构成了21世纪海上丝绸之路集装箱运输的枢纽节点。

表3-1 21世纪海上丝绸之路沿线主要集装箱港口

区域	国家	港口英文名	港口中文名
东南亚	马来西亚	Tanjung Pelepas	丹戎帕拉帕斯港
		Pasir Gudang	帕西古当
		Penang	槟城
		Port Kelang	巴生
		Kuantan	关丹港
	印度尼西亚	Jakarta	雅加达
		Surabaya	泗水
	越南	Ho chi米inh	胡志明
		Cai Mep	盖梅港
		Haiphonng	海防
	菲律宾	Manila	马尼拉
		Batangas	八打雁
		Davao	达沃港/达澳港
	缅甸	Rangoon/Yangon	仰光
	泰国	Bangkok	曼谷
		Laem Chabang	林查班

续表

区域	国家	港口英文名	港口中文名
东南亚	柬埔寨	Sihanoukville	西哈努克
	新加坡	Singapore	新加坡
南亚	印度	Visakhapatnam	维沙卡帕特南
		Krishnapatnam/Kattupalli	克里什纳帕特南
		Chennai	金奈
		Jawaharlal Nehru/Nhava Sheva	尼赫鲁港/那瓦西瓦
		Pipavav	皮帕瓦沃港
		Mundra	蒙德拉港
	巴基斯坦	Karachi	卡拉奇
		Port Muhammad Bin Qasim	卡希姆港
	斯里兰卡	Colombo	科伦坡
	孟加拉国	Chittagong	吉大港
西亚	阿拉伯联合酋长国（阿联酋）	Abu Dhabi	阿布扎比
		Halifa	哈里法
		Jebel Ali	杰贝阿里
		Khorfakkan	豪尔法坎
	阿曼	Sultan Qaboos	苏丹卡布斯
		Muscat	马斯喀特
		Salalah	塞拉莱
	也门	Aden	亚丁
	沙特阿拉伯	Damman	达曼
		Jeddah	吉达
		King abdullah	阿卜杜拉国王港
	约旦	Aqaba	亚喀巴
	以色列	Ashdod	阿什杜德
		Haifa	海法
	黎巴嫩	Beirut	贝鲁特

续表

区域	国家	港口英文名	港口中文名
西亚	土耳其	Ambarli	阿姆巴利
		Tekirdag	泰基尔达
		Izmit	伊兹米特
	乌克兰	Illychevsk	伊利乔夫斯克
		Odessa	敖德萨
中东欧	罗马尼亚	Constanta	康斯坦察
	保加利亚	Varna	瓦尔纳
	克罗地亚	Rijeka	里耶卡
	斯洛文尼亚	Koper	科佩尔
	波兰	Gdansk	格丹斯克
北非	埃及	Port Said	塞得港
		Alexandria	亚历山大
		Ain Sokhna	埃因苏赫纳/索科纳
	苏丹	Port Soudan	苏丹
	摩洛哥	Tanger-Med/Port Tanger	丹吉尔
东非	吉布提	Djibouti	吉布提
大洋洲	澳大利亚	Brisbane	布里斯班
		Sydney	悉尼
		Melbourne	墨尔本
	新西兰	Auckland	奥克兰
		Tauranga	陶朗加
		Napier	纳皮尔
		Lyttelton	利特尔顿
		Port Chalmers	查尔莫斯港

据不完全统计，具有代表性的各类大宗货物港口（除中国沿海港口外）共计39个，如表3-2所示，其中铁矿石港口5个、液化天然气（LNG）港口4个、粮食港口9个、煤炭港口4个、原油及成品油港口12个、其他金属矿石港口5个。

表3-2　具有代表性的各类大宗货物港口

货物类别	国家	港口英文名	港口中文名	地理位置	港口定位
铁矿石	澳大利亚	Dampier	丹皮尔港	西澳大利亚州西北海岸，东邻黑德兰港	澳大利亚最大的铁矿石输出港
		Port Hedland	黑德兰港	西澳大利亚州西北沿海，濒临印度洋的东侧	澳大利亚第二大铁矿石出口港
		Yampi Sound	杨皮桑德港	西澳大利亚州北海岸，蒙哥马利群岛西南侧	澳大利亚西北地区矿石出口港
	乌克兰	Odessa	敖德萨港	乌克兰南部沿海敖德萨湾西南岸，濒临黑海西北侧	乌克兰的最大港口，也是乌克兰的主要油港
	伊朗	Bandar Khomeyni	霍梅尼港	伊朗河下游，濒临波斯湾的北侧	伊朗在1972年新建的主要外贸港口
其他金属矿石（锰、铜、铬）	澳大利亚	Townsvill	汤斯维尔港	澳大利亚东北部昆士兰州东北海岸，哈利法克斯湾南端	昆士兰州北部的农畜产品输出港
		Geraldton	杰拉尔顿港	西澳大利亚州西海岸的海东南角	澳大利亚西南地区的矿石出口港
	土耳其	Finike	菲尼凯港	土耳其南部沿海的卡拉河口南岸，濒临菲尼克湾西北侧	土耳其南部的矿石出口港
		Mersin	梅尔辛港	土耳其南部沿海梅尔辛湾北岸，濒临地中海的东北侧	土耳其南部的最大港口
		Derince	代林杰港	土耳其北沿海的伊滋密特湾东北岸代林杰角上	土耳其西部的主要港口之一

续表

货物类别	国家	港口英文名	港口中文名	地理位置	港口定位
液化天然气（LNG）	澳大利亚	Port Hedland	黑德兰港	西澳大利亚州西北沿海，濒临印度洋的东侧	澳大利亚第二大铁矿石出口港
		Gladstone	格拉德斯通港	澳大利亚东部昆士兰州东南海岸，濒临太平洋西南侧	澳大利亚第三大煤炭输出港
	卡塔尔	Ras Laffan Port	拉斯拉凡港	卡塔尔东北沿海	世界上最新、最大的处理LNG的港口
	马来西亚	Bintulu	民都鲁港	马来西亚东部加里曼丹北部的沙捞越东北海岸克默纳河口	马来西亚液化天然气输出港
粮食	乌克兰	Odessa	敖德萨港	乌克兰南部沿海敖德萨湾西南岸，濒临黑海西北侧	乌克兰的最大港口，也是乌克兰的主要油港
		Nikolayev	尼古拉耶夫港	乌克兰南部港市，在南布格河口与因古尔河的汇合处	乌克兰重要的海运港口
		Mariupol	马里乌波尔港	乌克兰东南沿海卡利米乌斯河口，塔甘罗格湾口北岸	乌克兰的第二大港，西伯利亚大陆桥头堡之一
	越南	Haiphonng	海防港	越南东北沿海京泰河下游，红河三角洲东北侧	越南北方最大海港。首都河内的海上门户
		Danang	岘港	越南中部沿海韩江口西岸，濒临岘港湾南侧	越南最大的海产品输出港
		Ho chi minh	胡志明市港	越南南部西贡河下游西岸，距河口约46英里[①]	越南最大的港口，湄公河三角洲稻米集散中心

①1英里≈1 609米。

续表

货物类别	国家	港口英文名	港口中文名	地理位置	港口定位
粮食	澳大利亚	Port Pirie	皮里港	南澳大利亚州东南沿海斯潘塞湾的东侧北端	澳大利亚南部的矿石出口港,有色金属输出港
		Jeelong	吉朗港	澳大利亚东南部维多利亚州南海岸的菲利浦港湾西侧	澳大利亚东南地区的散粮出口港
		Newcastle	纽卡斯尔港	新南威士洲东海岸	澳大利亚最大的煤炭出口港,澳大利亚第二大港口
煤炭	印度尼西亚	Banjarmasin	马辰港	印度尼西亚加里曼丹岛南部爪哇海沿岸	印度尼西亚重要的海运港口
	澳大利亚	Newcastle	纽卡斯尔港	新南威士洲东海岸	澳大利亚最大的煤炭出口港,澳大利亚第二大港口
		Hay Point	海波因特港	澳大利亚东部昆士兰州达尔雷姆普湾内,濒临珊瑚海西南侧	澳大利亚第二大煤炭输出港,世界二十大散货港之一
		Gladstone	格拉德斯通港	澳大利亚东部昆士兰州东南海岸,濒临太平洋西南侧	澳大利亚第三大煤炭输出港
原油及成品油	沙特阿拉伯	Ras Tanura	拉斯塔努拉港	沙特阿拉伯东北沿海,南邻达曼港,濒临波斯湾西侧	沙特阿拉伯的大型原油输出港
		Damman	达曼港	沙特阿拉伯东北沿海,濒临波斯湾西侧	沙特阿拉伯东部的最大港口
		Yanbu	延布港	沙特阿拉伯西海岸中部,濒临红海东侧	沙特阿拉伯西部的第二大港

续表

货物类别	国家	港口英文名	港口中文名	地理位置	港口定位
原油及成品油	俄罗斯	Novorossi-ysk	新罗西斯克港	俄罗斯西南沿海诺沃罗西斯克湾的顶端，濒临黑海东北侧	俄罗斯最大原油输出港，俄罗斯最大水泥生产中心
	伊拉克	Al Faw（Fao）	法奥港	伊拉克东南沿海阿拉伯河口西岸，濒临波斯湾顶端	伊拉克最大油港，石油出口的中转站
	阿曼	Mina Al Fahal	法赫尔港	阿曼北部沿海，濒临阿曼湾西南侧	阿曼的最大原油输出港
	伊朗	Kharg Island	哈尔克岛港	伊朗西南沿海外的海上岛屿上，濒临波斯湾东北侧	伊朗最大的油港
		Bandar Mahshahr	马赫沙尔港	伊朗西南部加扎尹河下游，濒临波斯湾北侧	伊朗成品油输出港
	科威特	Mina Al Ah-madi	艾哈迈迪港	科威特东部沿海，濒临波斯湾西北侧	科威特最大的石油输出港，海湾地区大油港之一
	阿拉伯联合酋长国	Das Island	达斯岛港	阿联酋西北方向波斯湾中的海岛上，距本国海岸约60英里	阿联酋最大的原油输出港
		Jabal Dhan-na	杰贝勒赞奈港	阿联酋西北沿海，濒临波斯湾西南侧	阿联酋主要原油输出港之一
		Fujairah	富查伊拉港	阿联酋东端、阿曼湾西岸	阿联酋商港

三、中资海外港口

随着共建"一带一路"持续推进，中国企业参与投资和建设的沿线国家海外港口数量达到63个，涉及28个国家，占中国对外港口合作的60%，基本涵盖了中国在"一带一路"沿线的主要贸易伙伴国与战略物资进口来源国，基本覆盖了中国亚欧集装箱海上运输航线与战略能源物资进口海上运输航线涉及的主要港口，重点区域包括地中海、中东、南亚和东南亚。其中股权收购港口23个，包括安特卫普港、比雷埃夫斯港等，主要集中于地中海和西北欧区域。合作主体包括港口基建企业如中国交通建设集团有限公司（简称中交集团）、中国电力建设集团有限公司等，港口投资运营公司如招商局集团有限公司（简称招商局集团）、中国远洋海运集团有限公司（简称中远海运）等，港口企业如上海国际港务（集团）股份有限公司（简称上海港集团或上港集团）、广西北部湾国际港务集团有限公司（简称北部湾港集团）等。中交集团承担了大部分的港口建设工程，是中国企业参与国际港口建设的重要组成部分，中远海运与招商局集团是海外港口投资的两大主力，近年来海外港口业务发展较迅速，且逐步站稳海外港口经营市场。

从对现有合作情况的分析归纳来看，目前中国企业海外港口项目合作主要包括三种方式：一是基础设施项目承建，即承建港口码头及配套设施与后方腹地园区，如埃及塞得港、斯里兰卡科伦坡港等；二是港口股权收购即同港务局、港口运营企业签订股权转让协议，如比利时安特卫普港、斯里兰卡汉班托塔港等；三是港口经营权获取即港口特许经营权、港口租赁、港口土地所有权和使用权转让，如希腊比雷埃夫斯港、巴基斯坦瓜达尔港等。随着海外港口项目合作经验的提升，中资企业参与海外港口项目的策略也在不断变化，从以往参股向要求控股转变，从参与建设向参与运营转变。在发展过程中，经常出现随着基础设施承建的完成进一步获得经营权的转让，总体呈现不同方式融合演进的特征。下面具体梳理具有代表性的港口。

（一）比雷埃夫斯港

比雷埃夫斯港（简称比港）位于希腊首都雅典东南部约10公里的地中海之滨，地处巴尔干半岛南端，处于欧洲、中东和非洲的中间，连接直布罗陀海峡和地中海的东部，地理位置十分优越，是由地中海前往大西洋、由红海前往印度洋，以及由马尔马拉海前往黑海的优良中转港，是21世纪海上丝绸之路的重要一站，也是中国通往欧洲的枢纽港口。比雷埃夫斯港港区面积272万平方米，海岸线24.2公里，连接着欧、亚、非三地，是希腊国内第一大港，享有"欧洲南大门"之称，是中欧的门户。

从中国到欧洲的货物，与以往通过苏伊士运河抵达汉堡港或鹿特丹港后进入中东欧的运输线路相比，中欧陆海快线将使货运时间减少7～11天。比雷埃夫斯港与中欧陆海快线的运输通道的成功连接，将进一步加强中国与中东欧各国的联通，深化中国与中东欧国家的经贸合作。比雷埃夫斯港因此成为"一带一路"建设中连接陆海的一大重要支点。比雷埃夫斯港的航线和贸易航线如图3-1、图3-2所示，港口功能布局如图3-3所示。

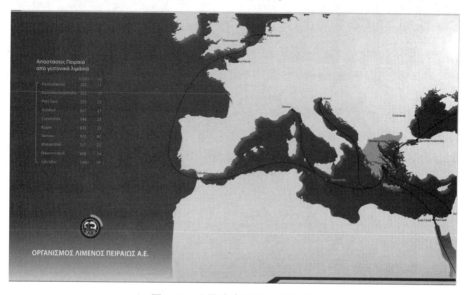

图3-1　比雷埃夫斯港主要航线

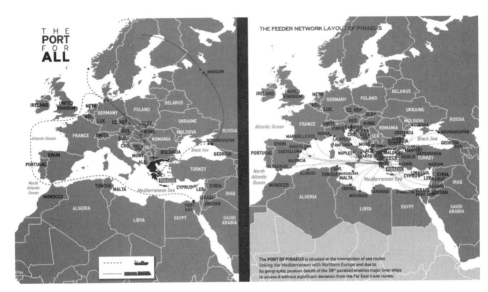

图3-2　比雷埃夫斯港贸易航线

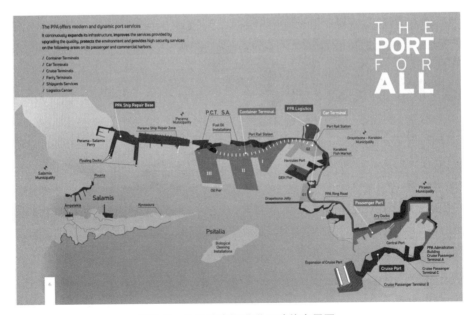

图3-3　比雷埃夫斯港港口功能布局图

中远海运比雷埃夫斯集装箱码头有限公司（Piraeus Container Terminal S.A., PCT）是中远海运在海外的第一家大型全资集装箱码头项目。从2008年获得相关码头特许经营权，到2016年完成港口的收购，中远海运集团获得比雷埃夫斯港港务局的全面经营权，包括集装箱码头、邮轮码头、渡轮码头、汽车码头、仓储物流、修船造船在内的六大板块经营业务。比雷埃夫斯港使得中国可以更快、更便捷地联通欧洲，是亚洲和欧洲沟通的桥梁，中远海运比雷埃夫斯港项目不仅被视为中国和希腊合作的成功典范，还成为"一带一路"合作的重要支点，为中国深入推进"一带一路"建设、切实加强中欧互联互通积累了极为宝贵的实践经验。

在"一带一路"倡议推动下和中远海运多年来的辛勤耕耘下，比雷埃夫斯港目前已成为全球发展最快的集装箱港口之一。比雷埃夫斯2号、3号两个集装箱码头，拥有2 849米的作业岸线，8个泊位，集装箱年处理能力达620万TEU，能满足当前和未来数年全球最大型集装箱船舶全天候作业的服务需要。表3-3为比雷埃夫斯港基本设施、设备增加情况。

表3-3 比雷埃夫斯港基本设施、设备增加情况（来源：《中国航务周刊》）

时间	能力提升情况	泊位数	岸线/m	设备扩充情况	处理能力
2009年	无	4	1 487	12台老旧桥吊	150万TEU
2013年	在原有基础上进行改造、新增设备，提高处理能力	4	1 487	新增6台超巴拿马型桥吊	320万TEU
2013年	新建3号码头东侧泊位，新增作业岸线600米	6	2 087	新增5台超巴拿马双起升桥吊	430万TEU
2019年	扩建3号码头西侧泊位，新增作业岸线762米	5	2 849	新增8台超巴拿马双起升桥吊	620万TEU

目前，共有28家船公司的52条航线挂靠比雷埃夫斯港，其中13条为干线航线，辐射范围到达西北欧、美东、美西、远东、澳洲、中东等地区；支线已基本实现了对地中海、黑海、东非和北非地区的全覆盖。表3-4为比雷埃夫斯

港近三年新增航线情况。

表3-4　比雷埃夫斯港近三年航线增加情况（来源：《中国航务周刊》）

年份	增加航线
2017年	印度、红海—地东、欧洲、地中海—大西洋、北非（摩洛哥）—地中海
2018年	THE联盟远东—地西、威尼斯—比港、北非（叙利亚）—地东
2019年	马士基南美—欧洲、OA联盟远东—北欧、里约卡—比港、比港—黑海

（二）科伦坡港

斯里兰卡是南亚地区重要的海上交通枢纽，是太平洋到印度洋海上通道的"十字路口"，是印度次大陆货物进出海外的重要中转港，扼守着中东和东亚之间的海洋运输线要冲，是美洲航线、欧洲航线、中东航线及东亚航线的重要路径，战略地理位置极其重要。科伦坡港又名科伦坡港人工港，是世界上最大的人工港口之一，也是欧亚、太平洋、印度洋地区的世界航海线的重要中途港口之一。

科伦坡港港区面积达到24 000平方米，共有2个港区入口，港口水深在9～11米，条件优良，适宜停靠大型、超大型船只，可同时停放40艘超大型船只及若干中小型船只。港口在西南面、东北面、西北面分别有三道防波堤，一面向海，位置绝佳，方便船只进出。装卸设备有各种岸吊、汽车吊、门式集装箱吊、铲车及直径为254～609.6毫米的输油管等，其中集装箱最大起重能力为35吨。装卸效率：燃油每小时500吨，原油每小时1 000吨。码头最大可靠6万载重吨的船舶，铁路线可以直通码头进行装卸作业。码头还有专用的卸粮设备，可将面粉直接装进工厂，每小时卸200吨。

科伦坡国际集装箱码头有限公司（CICT）是由招商局港口控股有限公司与隶属于斯里兰卡政府的斯里兰卡港务局组成的合资公司，两家占股比例分别为85%和15%。CICT赢得建设、营运科伦坡集装箱码头的35年BOT（投资、建设、经营）合约，并将在营运期满后将码头交还给斯里兰卡政府。码头参数与泊位示意图如图3-4、3-5所示。CICT是位于斯里兰卡西南部的深水自由港，是连接亚洲和欧洲贸易航线的必经之路和南亚重要中转枢纽。码头于2013年正式开港运营，现有3个大型集装箱深水泊位，占地58公顷，设计年吞吐能力可达240万标准箱。码头岸线水深-18米，桥吊外伸距70米，为目前为止南亚地区中唯一可停靠19 000 TEU级集装箱船舶的码头。

内容	数据	单位
集装箱专用泊位数	3	个
泊位岸线总长	1 200	米
泊位最大水深	-18	米
集装箱设计通过能力	240	万个标准箱
总面积	58	万平方米
桥吊数量	12	台
龙门吊数量	40	台
散杂货泊位（或多功能泊位）	N/A	个
泊位岸线总长	N/A	米
泊位最大水深	N/A	米
散杂货设计通过能力	N/A	万吨

图3-4 码头参数

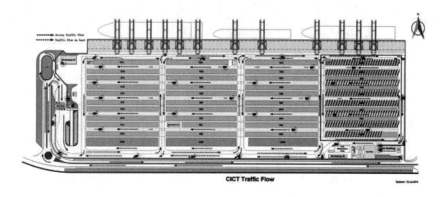

图3-5 泊位示意图

第二节 航 线

一、集装箱航线

21世纪海上丝绸之路网络航线覆盖众多区域，多个班轮公司在此区域内布置了不同的航线，形成了复杂的网络运输航线。根据UNCTAD发布的班轮双边联通指数（Liner shipping bilateral connectivity index，由联合国贸发会发布，用以衡量国家之间彼此班轮运输网络的联通程度，最大值为1）整理得到中国与21世纪海上丝绸之路沿线相关国家2021年的班轮运输联通情况，如表3-5所示。其中与中国班轮双边联通指数前十位的国家依次是：马来西亚、新加坡、越南、斯里兰卡、阿联酋、沙特阿拉伯、摩洛哥、印度、埃及和泰国。涉及全球前二十大集装箱港口中的13个，除中国沿海9个港口外还包括新加坡港、丹戎帕拉帕斯港、巴生港与迪拜港。由此可看出，21世纪海上丝绸之路能够串联世界上最主要的集装箱港口，可保证通道的生命力。

表3-5　2021年中国与21世纪海上丝绸之路沿线国家班轮运输联通情况

排名	国家	指数	排名	国家	指数	排名	国家	指数
1	马来西亚	0.578	19	约旦	0.348	37	缅甸	0.237
2	新加坡	0.568	20	吉布提	0.342	38	文莱	0.225
3	越南	0.498	21	斯洛文尼亚	0.339	39	塞浦路斯	0.214
4	斯里兰卡	0.484	22	新西兰	0.337	40	阿尔及利亚	0.190
5	阿联酋	0.483	23	克罗地亚	0.336	41	科威特	0.189
6	沙特阿拉伯	0.471	24	伊拉克	0.336	42	苏丹	0.189
7	摩洛哥	0.456	25	印度尼西亚	0.318	43	叙利亚	0.187
8	印度	0.454	26	乌克兰	0.317	44	立陶宛	0.186
9	埃及	0.454	27	伊朗	0.316	45	拉脱维亚	0.184
10	泰国	0.446	28	菲律宾	0.314	46	保加利亚	0.183
11	阿曼	0.443	29	俄罗斯	0.310	47	马尔代夫	0.175
12	土耳其	0.410	30	巴林	0.304	48	爱沙尼亚	0.174
13	巴基斯坦	0.390	31	罗马尼亚	0.303	49	格鲁吉亚	0.174
14	波兰	0.389	32	肯尼亚	0.283	50	利比亚	0.172
15	黎巴嫩	0.373	33	坦桑尼亚	0.256	51	也门	0.171
16	澳大利亚	0.365	34	巴布亚新几内亚	0.251	52	黑山	0.170
17	卡塔尔	0.360	35	柬埔寨	0.247	53	突尼斯	0.170
18	以色列	0.356	36	孟加拉国	0.245	54	东帝汶	0.164

以A.P.穆勒-马士基集团（简称马士基）和中远海运为例，两大班轮公司从亚洲出发经过东南亚、南亚、中东欧、西亚、北非、东非及大洋洲的各条航线数如表3-6所示。除中东欧航线外，中远海运在其他几大区域均设有数条航线，在总量上马士基共有59条航线到达21世纪海上丝绸之路沿线国家，而中远海运共有64条。依据中远海运与马士基两大班轮公司航线具体挂靠情况，集装箱班轮航线覆盖了21世纪海上丝绸之路沿线的38个主要国家，联通101个集装箱港口，其中可直达港口67个，中转可达港口34个。以中远海运为例，从亚洲出发去往东南亚的航线共有31条，主要目的地为越南、马来西亚、印度尼西亚、泰国、新加坡和菲律宾，其中以去往越南和马来西亚的航线数最多，分别为9条和7条，去往其他各处的航线数依次为6条、5条、3条和1条；到达南亚的航线共有10条，其中去往印度的航线有9条，另一条航线去往巴基斯坦；去往西亚的航线共6条，阿联酋有3条，黎巴嫩、以色列、沙特阿拉伯各有1条；去往北非的航线共4条，目的地为埃及和摩洛哥，其中埃及有3条航线，摩洛哥有1条航线；前往东非的航线共4条，目的地分别为肯尼亚和坦桑尼亚，各有2条航线；前往大洋洲的航线共9条，目的地均为澳大利亚。

表3-6   马士基与中远海运21世纪海上丝绸之路沿线航线情况   单位：条

	东南亚	南亚	中东欧	西亚	北非	东非	大洋洲	合计
马士基	40	6	5	1	1	—	6	59
中远海运	31	10	—	6	4	4	9	64

二、重点原材料运输航线

（一）铁矿石

中国在21世纪海上丝绸之路沿线的主要铁矿石进口来源国包括澳大利亚、伊朗与乌克兰，其中又以澳大利亚为重，印度尼西亚、马来西亚等17个国家为次要进口来源国，其中从俄罗斯进口的铁矿石主要是通过铁路运输。中国进口21世纪海上丝绸之路沿线国家铁矿石的海上航线如图3-6所示，主要进口通道是由澳大利亚西北部铁矿石港出发，经龙目海峡、望加锡海峡、苏拉威西海、民都洛海峡，进入中国南海，最终到达中国沿海港口。

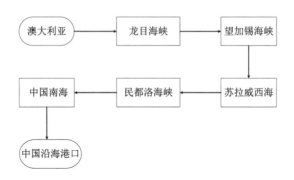

图3-6　中国21世纪海上丝绸之路铁矿石进口通道

（二）石油

中国在"一带一路"沿线的主要石油进口来源国包括沙特阿拉伯、伊拉克、阿曼、伊朗、科威特、阿联酋与俄罗斯。俄罗斯主要以管道方式向中国输出石油，除俄罗斯外沙特阿拉伯、伊朗、科威特和阿联酋向中国出口的石油中原油占主要部分，包含少部分成品油，伊拉克和阿曼仅向中国出口原油。中国进口21世纪海上丝绸之路沿线国家石油（原油、成品油）的海上航线如图3-7所示，主要进口通道有：由沙特阿拉伯西部石油港出发经红海、曼德海峡进入印度洋；由俄罗斯西部石油港出发经黑海、土耳其海峡、苏伊士运河、红海、曼德海峡进入印度洋；由波斯湾周边石油港出发经霍尔木兹海峡进入印度洋，然后经马六甲海峡进入中国南海，最终到达中国沿海港口。

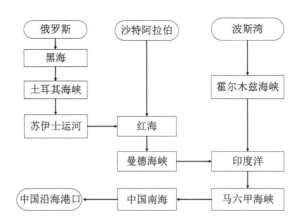

图3-7　中国21世纪海上丝绸之路石油（原油、成品油）进口通道

（三）液化天然气（LNG）

中国在21世纪海上丝绸之路沿线的主要液化天然气（LNG）进口来源国包括澳大利亚、卡塔尔、马来西亚、印度尼西亚和巴布亚新几内亚；俄罗斯、阿曼、新加坡为次要进口来源国。中国进口21世纪海上丝绸之路沿线国家液化天然气（LNG）的海上航线如图3-8所示，主要进口通道有：由澳大利亚西部LNG港出发经龙目海峡、望加锡海峡、苏拉威西海、民都洛海峡，进入中国南海；由澳大利亚东部LNG港出发经托雷斯海峡、阿拉弗拉海、班达海、马鲁古海峡、民都洛海峡，进入中国南海；由卡塔尔LNG港出发经波斯湾、霍尔木兹海峡进入印度洋，经马六甲海峡进入中国南海，最终到达中国沿海港口。

（四）煤炭

中国进口21世纪海上丝绸之路沿线国家煤炭的海上航线如图3-9所示，主要进口通道有：由澳大利亚东部煤炭港出发经珊瑚海、托雷斯海峡、阿拉弗拉海、班达海、马鲁古海峡、民都洛海峡，进入中国南海；由印度尼西亚煤炭港出发经望加锡海峡、民都洛海峡，或经爪哇海、卡里马塔海峡进入中国南海，最终到达中国沿海港口。

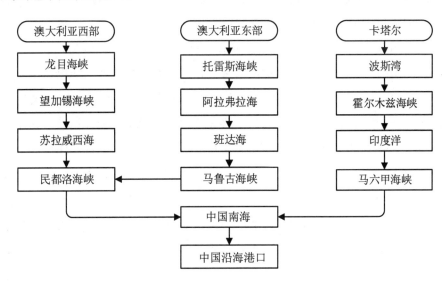

图3-8 中国21世纪海上丝绸之路液体天然气进口通道

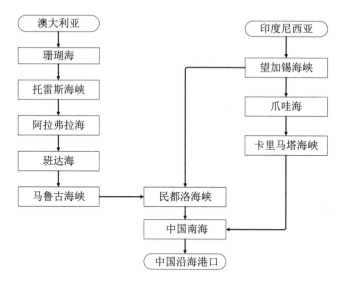

图3-9　中国21世纪海上丝绸之路煤炭进口通道

（五）部分有色金属矿石

中国部分有色金属矿石产量非常有限，是钴、锰、镍、铜矿石和精矿的净进口国，对外依存明显，其中锰矿石对外依存度2019年一度达到96.48%。根据美国国际贸易委员会（ITC）统计数据统计，2019年中国锰矿石和精矿接近39.3%的进口由南非贡献；钴矿石和精矿95.4%的进口由刚果（金）贡献；从菲律宾和印度尼西亚进口的镍矿石和精矿占比分别达53.6%和42.3%。

钴运输主要从刚果金当地钴矿通过陆路运输经过赞比亚、津巴布韦、博茨瓦纳，最终运到南非的德班港，再通过海运途经印度洋和马六甲海峡运至中国。锰运输主要由南非的锰矿通过铁路运输的方式运至伊丽莎白港、萨尔达尼亚湾港、开普敦港等港口，再使用巴拿马型和大灵便型船舶途经印度洋、太平洋、马六甲海峡运往中国合金厂的原料集散地天津港和钦州港等主要港口。镍运输一是菲律宾的镍矿由苏里高港承担输出，主要使用超灵便型船运往中国山东日照港等港口；二是印度尼西亚的镍矿主要通过东南苏拉威西省波马拉港等港口通过海运直接输入中国，如图3-10所示。

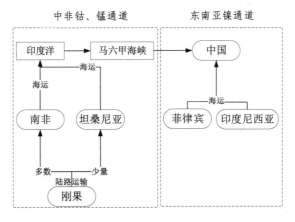

图3-10 中国21世纪海上丝绸之路部分有色金属矿石进口通道

第三节 船舶运力

一、商船船队

中国拥有的商船船队在2000年初占世界总数的大约1/20，经过20多年的显著增长，现在约占1/7。散货船运力在强劲增长后仍是最大的组成部分，而其他类别船舶，包括油轮、集装箱船和各种其他船舶类型等，都将以不同的速度快速增长。在过去10年中，中国拥有的商船船队规模增加了一倍多。根据克拉克森的数据，以总吨作为通用衡量标准，中国国有商船船队2011年底的总量为1.06亿吨，到2021年底上升至2.237亿吨。

中远海运经营的船队综合运力为11 347万载重吨/1 413艘，排名世界第一。其中，集装箱船队规模303万TEU/510艘，居世界前列；干散货船队运力4 475万载重吨/442艘，油、气船队运力2 929万载重吨/227 艘，杂货特种船队556万载重吨/167艘，均居世界第一。

招商局集团招商轮船运营管理船舶333艘（含订单及租入船），合计4 542万载重吨，在全球非金融船东中位列第二，拥有世界第一的超大型油轮

（VLCC）船队和超大型矿砂船（VLOC）船队，国内领先的液化天然气和滚装运输船队，亚洲一流的集装箱运输船队，相关航线在业内处于市场领先地位。截至2021年12月底，招商轮船拥有油轮60艘（含在建船4艘），其中超大型油轮54艘（含在建船3艘），合计运力1 735万载重吨，保持世界最大VLCC船东地位；拥有干散货船193艘，其中超大型矿砂船34艘，合计运力2 442万载重吨，保持世界最大VLOC船东地位；拥有中国第一支LNG海上运输船队，经营管理LNG船21艘，合计运力166万载重吨，规模亦列世界第一。

二、沿海省际货运船舶

截至2022年6月30日，沿海省际运输干散货船共计2 326艘、7 607.6万载重吨，较2021年底增加91艘、113.6万载重吨，吨位增幅1.5%。2022年上半年新增运力135艘、290.6万载重吨，除强制报废5艘、27.3万载重吨船舶外，企业进行运力调整，共有39艘、149.3万载重吨船舶运力退出市场。

沿海省际运输干散货船平均船龄10.9年，较2021年底降低了0.1年。其中，老旧船舶（船龄18年以上）和特检船舶（船龄28年以上）分别有251艘和22艘，占总艘数的10.8%和0.9%。较2021年底，老旧船舶和特检船舶艘数占比分别降低了0.7%和0.4%。沿海省际运输集装箱船（700 TEU以上，不含多用途船，下同）共计336艘、箱位数79.8万TEU，较2021年底增加14艘、载箱量增加1.1万TEU，载箱量增幅1.3%。2022年上半年新增运力22艘、3.0万TEU；没有强制报废船舶；共有8艘（箱位数1.9万TEU）集装箱船提前退出市场。沿海省际运输集装箱船平均船龄9.7年，较2021年底减少了0.2年。其中,老旧船舶（船龄20年以上）和特检船舶（船龄29年以上）分别有36艘和3艘，占总艘数的10.7%和0.9%。较2021年底，老旧船舶艘数占比降低了1.1%，特检船舶数量与2021年底相同，艘数占比降低了0.1%。

沿海省际油船（含原油船、成品油船，不含油品、化学品两用船）共计1 201艘、1 137.5万载重吨（部分船舶经检验后变更了载重吨，总计核减1.3万载重吨），同比减少23艘、载重吨增加了23.4万载重吨，吨位增幅2.1%。沿海省际油船平均船龄10.9年，较2021年底增长了0.1年。其中，老旧船舶（船龄

12年以上）和达到特检船龄的船舶（船龄26年以上）分别有481艘和3艘，占总艘数的40%和0.3%。老旧船舶数量较2021年底增长了12艘，同比增长2.6%，特检船舶数量与2021年底相同。

沿海省际化学品船（含油品、化学品两用船，下同）共计282艘、133.2万载重吨，同比减少2艘、载重吨增加了4.3万载重吨，吨位增幅3.3%（部分船舶经检验后变更了载重吨，总计核减0.1万载重吨）。

沿海省际液化气船共计79艘、28.4万载重吨，同比艘数增加2艘、1.8万载重吨，吨位增幅6.7%。2022年上半年新增运力4艘、2.1万载重吨；除强制报废船舶2艘、0.3万载重吨外，没有提前退出市场的船舶。沿海省际液化气船平均船龄13.2年，较2021年底减少了0.5年。其中，老旧船（船龄12年以上）和达到特检船龄的船舶（船龄26年以上）分别有39艘和4艘，占总艘数的49.4%和5.1%。老旧船舶数量与2021年底相同，特检船舶数量较2021年底减少了1艘，同比减少了20%。

第四节 相关企业

近年来，中国港航企业积极发挥海运主力作用，畅通对外贸易通道，确保产业链和供应链稳定、民生和能源物资满足需求。2020年，中国水路货运量76亿吨，港口货物吞吐量146亿吨，承运了中国90%以上的外贸货物，在集装箱、原油、矿石、粮食等物资的运输中发挥了重要作用，加快了现代化的海运船队建设，完善了全球航运服务网络，维护了国际物流链、供应链稳定。

一、港口企业

港口企业是为了实现企业经营目标，运用现代科学技术、管理方法和经济手段，从事装卸、搬运、储存、代理等港口生产、流通或服务性经济活动，实行自主经营、独立核算、自负盈亏，具有法人地位的经济组织。港口企业是港口物流发展的关键要素之一。发展现代物流，成为集运输、转运、储存、配送、装拆箱、加工、货物装卸、仓储管理、多式联运及信息处理等功能于一体的综合物流提供者是港口企业的发展方向。港口企业应选择合适的货种建立自营的物流链，从目前的装卸、仓储的单一服务功能转向包装、加工、分拨、运输、配送等物流其他功能扩展，为货主提供质优价廉的服务，对进出港货物提供更多的增值物流服务，逐步实现从传统的装卸运输中心转变为物流中心，从传统物流企业向综合物流企业转型。

中国的港口大型企业比较多，都是国有控股企业。例如：上海港集团、宁波港集团、天津港集团、大连港集团、锦州港股份、河北港口集团、青岛港集团、日照港集团、烟台港集团、盐田港集团等。其中上海港集团是中国港口企业排名第一的上市公司，也是中国最大的港口企业，在2019年中国公司市值500强排名中位居第96名。

二、航运企业

根据上海航运交易所发布的《2019中国航运发展报告》，中国主要航运企业经营船队规模与国际航运船队规模如表3-7、表3-8所示。其中中国远洋海运与招商局集团是中国主要的航运企业。

表3-7　中国主要航运企业经营船队规模（2019）

排名	企业名称	艘数/艘	运力/万载重吨
1	中国远洋海运集团有限公司	1 315	10 455.0
2	招商局集团有限公司	686	4 212.4
3	山东海运股份有限公司	41	555.9
4	福建国航远洋运输（集团）股份有限公司	57	361.8
5	上海中谷物流股份有限公司	112	248.7
6	神华中海航运有限公司	40	218.0
7	海丰国际控股有限公司	88	199.0
8	上海瑞宁航运有限公司	25	197.0
9	广东粤电航运有限公司	24	172.0
10	上海时代航运有限公司	28	166.2

表3-8 中国主要航运企业经营的国际航运船队规模（2019）

排名	企业名称	艘数/艘	运力/万载重吨
1	中国远洋海运集团有限公司	847	8 286.0
2	招商局集团有限公司	253	3 779.5
3	山东海运股份有限公司	41	555.9
4	海丰国际控股有限公司	88	199.0
5	青岛洲际之星船务有限公司	24	125.0
6	南京远洋运输股份有限公司	22	120.0
7	上海瑞宁航运有限公司	11	118.0
8	福建国航远洋运输（集团）股份有限公司	15	114.9
9	江苏远洋运输有限公司	35	101.8
10	东莞市海昌船务有限公司	8	64.0

中国远洋海运集团有限公司由中国远洋运输（集团）总公司与中国海运（集团）总公司重组而成，总部设在上海，是中央直接管理的特大型国有企业。中国远洋海运集团完善的全球化服务铸就了网络服务优势与品牌优势。航运、码头、物流、航运金融、修造船等上下游产业链形成了较为完整的产业结构体系。服务全球贸易，经营全球网络，中远海运集团以航运、港口、物流等为基础和核心产业，以航运金融、装备制造、增值服务、数字化创新为赋能和增值产业，全力打造"3+4"产业生态，致力于构建世界一流的全球综合物流供应链服务生态。集团在全球投资码头57个，集装箱码头50个，集装箱码头年吞吐能力1.32亿TEU，居世界第一。全球船舶燃料销量超过2 830万吨，居世界第一。集装箱租赁业务保有量规模达391万TEU，居世界第三。海洋工程装备制造接单规模及船舶代理业务也稳居世界前列。其中航运产业集群包括集装箱运输、干散货运输、油气运输、特种船运输及客轮运输等业务，致力于巩固和发展全球第一大综合航运企业的地位，保障全球海上运输生命线高效畅通，实现从"全球承运"到"承运全球"的历史飞跃。该产业集群主要包括中远海运集运/东方海外、中远海运能源、中远海运散运、中远海运特运、中远海运客运、厦门中远海运和海南港航等业务主体。港口产业集群致力打造以客户为

本、全球领先的综合港口运营商，努力实现"从全球经营者到全球领先者、从码头投资运营商到综合港口运营商、从外延式增长到跨越式增长"转变，该产业集群主要包括中远海运港口、海南港航、中远海运北美和中远海运比港等业务主体。

招商局集团是中央直接管理的国有重要骨干企业，总部位于香港，是在香港成立运营最早的中资企业之一。航运业是招商局的祖业和主业。截至2021年底，集团航运业务船队总运力（含订单）有394艘船舶，合计4 767万载重吨，排名世界第二；其中VLCC 54艘，VLOC 34艘，规模均位列世界第一；成品油船队规模位列远东地区第一；液化天然气运输船队、滚装船队及集装箱船队国内领先，同时在船员管理和海外网点服务等方面独具优势。经过资产重组和资本运作，招商局航运已经形成"油、散、气、车、集、管、网"全业态的业务格局，运输航线遍布全球，现正积极打造数字轮船，建设智慧航运，创建"新海辽"轮标杆船舶，全力打造世界一流航运企业。招商局是世界领先的港口投资、开发和运营商，在中国沿海主要枢纽港建立了较为完善的港口网络群，投资或者投资并拥有管理权的码头遍及香港、台湾、深圳、宁波、上海、青岛、天津、大连、营口、漳州、湛江、汕头等集装箱枢纽港，并成功布局东南亚、非洲、欧洲、中东、北美、南美和大洋洲等地区。2021年，集团港口板块完成集装箱吞吐量1.34亿标箱、散杂货吞吐量8.8亿吨，集团港口权益货物吞吐量全球排名第一。中国外运股份有限公司（简称中国外运）是招商局集团控股的二级子公司与物流业务的统一运营平台和统一品牌。中国外运以打造世界一流智慧物流平台企业为愿景，服务网络覆盖全国，遍及全球主要经济带。根据Armstrong & Associates, Inc.发布的2020年榜单，中国外运货运代理服务居全球第三，全球第三方物流居全球第七。截至2021年底，中国外运共有境内企业1 000余家，全国网络分布于31个省、自治区、直辖市及香港地区；在海外拥有65个经营网点，覆盖了40个国家和地区。

三、造船企业

目前中国已经成为全球第一造船大国。中国船舶企业的造船完工量、新接订单量、手持订单量均分别占世界总量的50%左右，继续保持全球第一。其中，中国最大的船舶企业中国船舶集团有限公司（简称中国船舶集团），2021年三大造船指标首次全面超越韩国现代重工，成为全球最大的造船集团，实现完工交付船舶206艘，占到全球市场份额的20.2%，实现新接订单合同金额1 301.5亿元，创下自2008年以来的最新纪录。

中国船舶集团是按照党中央决策，经国务院批准，于2019年10月14日由原中国船舶工业集团有限公司与原中国船舶重工集团有限公司联合重组成立的特大型国有重要骨干企业，有科研院所、企业单位和上市公司104家，资产总额8 900亿元，员工22万人，拥有中国最大的造修船基地和最完整的船舶及配套产品研发能力，能够设计建造符合全球船级社规范、满足国际通用技术标准和安全公约要求的船舶海工装备，培育了超大型智能原油轮、液化天然气运输船、超大型集装箱船等集研发、制造、配套为一体的世界级海洋装备先进产业集群。2021年，中国船舶集团高端船型不断涌现，重大工程进展顺利。国产大型邮轮2号船建造合同生效，卡塔尔LNG百船建造计划首批4艘17.4万立方米LNG船订单落户沪东中华；2021年先后成功揽入法国达飞、瑞士地中海、加拿大塞斯潘等国际班轮巨头的批量集装箱船订单，特别是与法国达飞签订了22艘箱船订单，总价超150亿元，刷新国内最大单笔船舶订单纪录。据统计，2021年全年累计承接大型集装箱船合同金额超过680亿元，占到全球市场份额的33%。

四、水运基础设施建设企业

国际港口工程建设是中国对外承包工程项目的重要组成部分。中国企业对外承包国际港口工程项目涉及21世纪海上丝绸之路沿线如东南亚的马来西亚、泰国、缅甸及南亚的巴基斯坦、孟加拉国、斯里兰卡等众多国家。中交集团子公司中国港湾工程有限公司承担了大部分的港口建设工程，是中国企业参与国际港口建设的重要组成。

中交集团是全球领先的特大型基础设施综合服务商，主要从事交通基础设施的投资建设运营、装备制造、房地产及城市综合开发等，为客户提供投资融

资、咨询规划、设计建造、管理运营一揽子解决方案和一体化服务。自2013年
"一带一路"倡议提出以来，中交集团外新签合同额已超过2 300亿美元，其中
"一带一路"沿线国家业务量近千亿美元。在基础设施建设领域，中交集团已
经成为全球领军企业，连续13年位居美国《工程新闻纪录》（ENR）发布的全
球最大国际工程承包商亚洲榜单第一、世界榜单第三，成为"一带一路"建设
的排头兵，相继投资和承建了中巴经济走廊系列工程、斯里兰卡科伦坡港口
城、肯尼亚蒙内铁路等重大项目。在"一带一路"相关国家和地区，中交集
团已实现深水码头132座，提供优质基础设施产品。中交集团在21世纪海
上丝绸之路沿线的分支机构如图3-11所示。

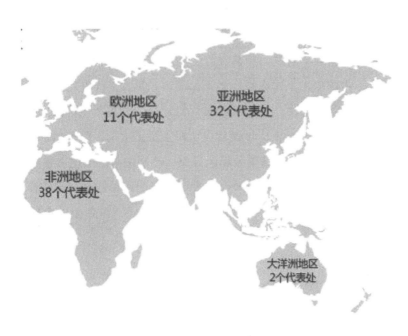

图3-11 中交集团全球布局

第四章

21世纪海上丝绸之路水运高质量发展面临的挑战与机遇

第一节　全球性问题对海上丝绸之路水运安全的影响

一、全球性安全威胁事件叠加给外部带来极大的不确定性

（一）海上运输安全威胁长期存在

有数据显示，海上运输承担了90%以上的国际贸易货物，是改善国家产业结构、国际贸易出口商品结构的重要方式。贸易全球化的背景下，各大经济体的贸易活动十分依赖开放与安全的海上运输通道。然而，海上运输通常会受到地缘政治、海盗行为等的威胁，导致海运航线和海上关键节点受到阻碍，影响海上贸易的运行。

海上运输安全长期受到地缘政治冲突的影响。在中东地区，伊朗、科威特、卡塔尔等波斯湾国家是世界石油产出最大的地区之一，当地国家的绝大多数石油出口是通过油轮运输到世界其他地区，这些油轮必须通过霍尔木兹海峡，这也是进出波斯湾的唯一海上通道。相关数据显示，2018年通过霍尔木兹

海峡的油轮承载的石油占全年海上石油贸易量的35%。然而，霍尔木兹海峡的石油出口却一直受到地缘政治和国际冲突的影响。波斯湾国家之间因相关的海洋权益引发了一场持续至今的竞争，使得通过霍尔木兹海峡进行的贸易容易受到干扰。

海上运输安全也长期受到海盗行为的威胁。所谓海盗行为，国际海事局对其定义如下："以盗窃或任何其他犯罪意图为目的，强行登船或企图强行登船的行为，并且企图或有能力在海上使用武力完成这一行为。"从历史上看，最早的海盗行为可以追溯到3 000多年以前。最早的海盗行为是由一个名为"海洋民族"的组织开创的。这些航海袭击者生活在公元前1 200年左右，活动在地中海东岸，引起政治动荡。如今，海盗行为仍然存在于各大海域。在21世纪初期，索马里海岸和亚丁湾充斥着索马里海盗，非洲东海岸的海盗活动不断成为世界新闻和众多外交和政治倡议的主题；截至2016年，大多数针对海上运输的海岛型和武装抢劫事件主要发生在东南亚和大几内亚湾海域。海盗行为对航线通道安全的影响主要从两个层面体现。在宏观层面，国家及航运企业财产安全受到威胁，造成各国及各航运企业在经济成本上的损失巨大。如，2015年底，多哥总统在联合国表示几内亚湾国家因海盗引起的损失约为70亿美元。其中，包括石油产品的收入损失、其他挂靠本海域港口的进出口货物损失、部署海军巡逻产生的费用及航运企业支付的高额保险费。在微观层面，海上船员的生命安全受到威胁。海盗行为往往都伴随着暴力行为，对船员的生命安全造成巨大威胁，船员被绑架、殴打受伤、失踪甚至是死亡的事件时有发生。即使商业船舶等来巡航海军的救援，海盗与海军之间的枪火交战亦可能造成普通船员的意外受伤甚至是死亡。2020年，西非几内亚湾海域便发生海盗袭击或武装劫船事件54起，造成143名船员被绑架。

综上所述，地缘政治冲突、历史遗留问题、海盗行为等长期存在，且一直对海上运输安全造成严重影响。为了进一步发展21世纪海上丝绸之路，走高质量发展道路，解决海上运输安全的长期威胁、寻求应对之策将势在必行。

（二）百年未有之大变局下突发事件频发

2017年，习近平总书记在接见驻外使节工作会议上发表讲话，提出世界正处于"百年未有之大变局"。随着新一轮科技革命和产业变革的深入发展，国际环境日趋复杂，不稳定性、不确定性明显增加，世界进入动荡变革期，海上运输面临的传统安全和非传统安全威胁呈现叠加交织的新态势。

百年未有之大变局下，国际环境复杂多变，各国新一轮的国家发展战略定位势必掀起新一轮利益竞争及更为激烈、突发的地缘冲突。随着各国对国际局势的不同认知，国家发展战略将得到进一步改动与落实，然而，由于国家与国家、国家与地区、地区与地区等之间存在着利益竞争关系或地缘政治问题，势必会在部分利益重叠的敏感地区发生摩擦，甚至将进一步发展为一定范围内的军事冲突，从而导致海上运输航线改动、增加海上运输的不确定性。

亚太经济体逐渐崛起，海上运输贸易剧增，诱使东南亚海盗袭击突发事件频发。目前，马六甲海峡、新加坡海峡等节点成为东南亚海域与各大洲联通的关键通道，也成为海盗频发的重要场所。一方面，海盗行为频繁，引发航运企业的恐慌心理。近年来，新加坡海峡附近船只遭受海盗袭击事件增加。2019年中，新加坡海峡附近报告了31起船舶遭受袭击事件，其中，新加坡海峡东行航道发生了17起，西行航道发生了14起。2021年，在1月25—29日这五天期间，新加坡海峡接连发生三起海盗事件，且肇事者均未被捕。另一方面，关键节点地理环境受限，通行风险剧增。马六甲海峡作为近年来相对稳定的海上关键节点之一，针对其节点安全治理的效果较好。根据《亚洲地区反海盗及武装劫船合作协定》信息交流中心数据显示，自2007年起，马六甲海峡遭受的武装劫船袭击平均每年少于五起，且在2019年，海峡内未发生一起武装劫船事件。然而，马六甲海峡最窄处仅37千米，最浅水域不到25米。一旦船舶在马六甲海峡浅水区域受到袭击而沉没或搁浅，受地理环境限制，船舶的通航安全会受到严重影响，甚至会导致整个航道无法正常通行。

新时期极地航道开发成为各国的重要发展战略防线，但极地航道带来巨大收益的同时也给海上运输带来了巨大的不确定性。极地航道的地理位置将增加船舶运输面临的自然灾害突发事件。以东北航道为例，东北航道大部分航道位于俄罗斯，自北欧的巴伦支海向东贯穿俄罗斯北极沿岸的约58个海峡，直至白令海峡，成为大西洋和太平洋的连接通道之一。由于其独特的地理位置，一方面，为中国等东北亚国家提供前往欧洲的最短航行线路，可显著节省船公司的时间和运营成本。另一方面，东北航道自西向东穿过的五大海域自然环境不尽相同。一是不同海域水深不尽相同，拉伯捷夫海平均水深可达519米，而东西伯利亚海和楚科奇海的平均深度仅为58米和88米；二是同一海域水深落差较大，巴伦支海海域内的水深落差在100~200米，拉伯捷夫海的平均水深为519米，而其沿海地区却以浅水区为主，水深仅达100米左右；三是航道气候环境恶劣，喀拉海在夏季航运高峰期多处于大雾天气，能见度较低，不利于船舶航行。另外，极地航道沿线国家的地缘政治问题也为海上运输埋下"暗雷"。

综上所述，面对全新的时代，中国走向和平崛起，可持续发展观念受到越来越多国家的认可，但是怀有霸权等不良目的的国家仍然存在，地缘政治冲突也随时可能发生。并且随着经济崛起，海上运输贸易的交易额度持续增加，海盗铤而走险劫持船舶的风险也将持续增加。同样的还有极地航道开发大背景下的各种突发事件，使得在这百年未有之大变局下的海上运输面临着不断袭来的突发事件。为克服突发事件对海上运输安全的影响，提升海上运输应急能力成为必然趋势。

二、疫情等突发事件增加了海运业生产活动的风险和不确定性

2019年底、2020年初，一场突如其来的疫情席卷全球，短时期内对世界经济、全球贸易、人口安全等造成严重影响。其中，海上运输承担全球90%以上的商品贸易货运量，受新冠疫情冲击，港口运营受到限制、海运市场供需失衡，极大增加了海运业生产活动的风险和不确定性。

（一）新冠疫情爆发初期海运业遭受严重冲击

由于新冠疫情的突然爆发，全球海运业生产活动受到重创，导致海运业生产活动陷入困境。对外开放口岸的受限致使世界主要经济体进出口贸易急剧萎缩，世界贸易的波动直接影响海运需求，据Alphaliner统计，2020年世界集装

箱海运需求出现约0.7%的下降，全球港口集装箱吞吐量也随之下降。图4-1显示，2020年第一季度亚洲、欧洲、北美等主要港口所在地已经出现集装箱吞吐量增速下降的趋势，到了第二季度各大地区港口集装箱吞吐量增速均落入负增长区间。此外，中国交通运输部数据显示，2020年第一季度中国港口货物吞吐量比2019年同期下降4.6%、中国港口集装箱吞吐量比2019年同期下降8.5%。

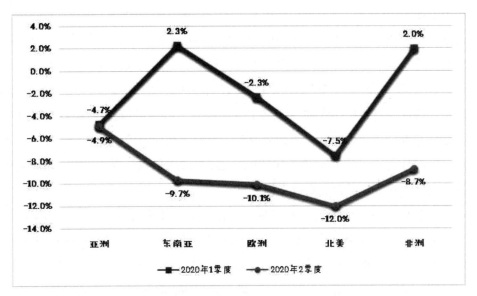

图4-1 全球不同区域2020年1季度、2季度集装箱吞吐量增长率
（数据来源：《2021全球港口发展报告》）

2020年上半年，中国集装箱国际航线的需求下降了7%，而同期运力供给稳定增长约3%，集装箱船运价急剧下跌，SCFI运价指数在850附近徘徊。在干散货市场中，2020年1月，波罗的海干散货指数（BDI）"十四连跌"，整个一季度的国际干散货市场运行疲软，BDI均值仅为592，同比下降25.8%，BCI更是步入负值区间。航运企业纷纷采取停航等措施来减少运力供给，维持企业运营。

此外，疫情爆发初期，港口通过出台多项禁止措施来避免疫情侵袭，这势必会推迟船舶原定的船期，增加在港停时，加大锚地压力，延迟货物装卸。据全球港口发展报告（2020）数据显示，在2020年4月，东南亚、欧洲等地区至少 10 个国家的港口都曾陷入混乱与拥堵之中。

（二）全球物流供应链遭受严重冲击

随着部分国家（地区）境内的新冠疫情形势趋缓，各国开始重启经济，货物贸易入境限制性措施放松，贸易需求回升，海上运输生产活动显著回暖。如中国政府于 2020 年 2 月率先提出推动生产企业复工复产建议，并于 5 月正式进入全国疫情防控常态化，随着疫情得到基本控制，国内防疫物资供应、外贸供应链快速恢复，中国区域间经贸逐步得到开展。中国交通运输部官网显示，相比 2020 年第一季度港口货物吞吐量、集装箱吞吐量同比下降，第二季度全国港口货物吞吐量比 2019 年同期上升 5.13%。但是，国内疫情防控虽然得到缓解，全球主要港口货物吞吐量下降趋势也有所放缓，然而各国仍未完全恢复生产活动，国内外货物贸易市场供需不平衡，全球供应链仍处于中断状况，全球主要港口货物吞吐量仍呈现负增长态势。

当全球新冠疫情得到基本控制，2020 年下半年全球各国恢复国内生产作业，大批劳动者返岗、消费支出也快速恢复。随着疫情形式趋于好转，各国政府开始加大财税刺激政策促进消费市场回暖，全球产业链和供应链逐渐复苏，国际贸易市场供需旺盛。2021 年全球港口发展报告数据显示，2021 年第一季度全球主要港口货物吞吐量单季度比 2020 年同期增长 10.2%。2021 年第二季度，由于全球贸易的快速反弹，部分港口因产能不足导致船舶大规模滞港，港口生产效率受到影响，全球主要港口货物吞吐量增速减缓，但仍比 2020 年同期增长 8.0%。如图 4-2 所示，从全球不同区域集装箱吞吐量增长率来看，2020 年第三季度至 2021 年第二季度一年时间里，集装箱吞吐量增长率在快速回升。具体而言，总的走势为从 2020 年第二季度的五大地区集装箱吞吐量增速逐渐止住下降趋势，到 2020 年第四季度全面呈正向回升水平，再到 2021 年上半年出现报复式增长。

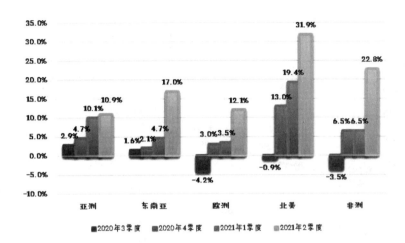

图4-2 全球不同区域2020年3季度至2021年2季度集装箱吞吐量增长率

（数据来源：《2021全球港口发展报告》）

全球船队运力供给不足，全球物流供应链严重中断，集装箱船舶运费和租船费用飙升至新高。克拉克森的数据显示，在2020年下半年和2021年上半年期间，集装箱船租船费率指数处于上升水平。截至2021年6月，集装箱船期租费率指数为200，较2020年底上涨220%，是2020年平均水平的近4倍，如图4-3所示。在集装箱船运费方面，集装箱运费飙升至创纪录的水平，从2020年7月的11 027美元/天升至2021年5月的35 970美元/天，上涨3倍有余，且较2019年同期增长238.5%（如图4-4）。

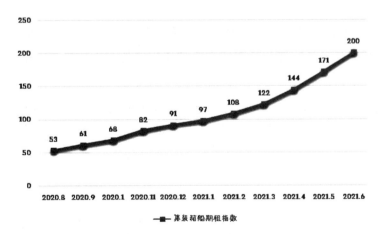

图4-3 2020年8月至2021年6月集装箱船期租费率指数

（数据来源：克拉克森）

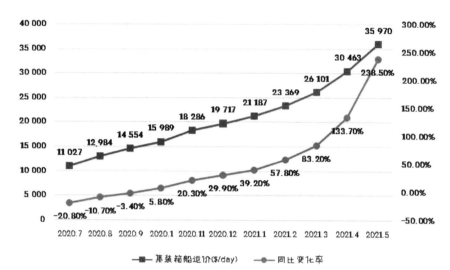

图4-4　2020年7月至2021年5月集装箱船期运价及其同比变化率

（数据来源：克拉克森）

港口能力供不应求，导致港口拥堵情况延续并进一步恶化。复工复产带来的货物进出口及人们对消费需求的渴望引发海上运输货物量爆发式增长，如表4-1所示，在所列的20个全球主要港口中，有11个港口的港口集装箱吞吐量在2021年上半年增速超10%，其中7个港口的增速甚至超过20%。2021年上半年，美国进口需求持续高位，洛杉矶港、长滩港、纽约新泽西港集装箱吞吐量以同比44.3%、38.5%、30.6%速度增长，然而港口供给能力未能满足快速增长的吞吐量，2021年6月上述3个港口的船舶平均停时分别为7.61天、9.04天、2.28天，其中，洛杉矶港和长滩港港口拥堵程度处于历史最高水平，并逐渐蔓延至其他港口，从而引发"一舱难求""一箱难求"困境。

表4-1　2021年上半年全球主要港口集装箱吞吐量及其6月船舶平均停时

港口	船舶在港时间/天	集装箱吞吐量/万标箱	同比增速/%
上海港	2.44	2 294	14.4
新加坡港	1.87	1 873	5.0
宁波—舟山港	2.87	1 607	21.3
深圳港	4.22	1 376	24.3

续表

港口	船舶在港时间/天	集装箱吞吐量/万标箱	同比增速/%
广州港	2.51	1 177	9.4
青岛港	2.47	1 166	12.8
釜山港	1.57	1 142	5.1
天津港	2.16	1 030	20.1
香港港	1.59	872	1.3
鹿特丹港	3.25	761	8.7
安特卫普港	2.72	617	5.1
厦门港	1.6	590	11.4
洛杉矶港	7.61	543	44.3
高雄港	0.99	495	2.0
长滩港	9.04	475	38.5
纽约新泽西港	2.28	440	30.6
林查班港	2.47	430	12.5
连云港港	1.55	248	4.3
温哥华港	6.88	196	25.5
大连港	1.67	173	−41.9

数据来源：交通运输部、上海航运交易所。

（三）全球海运业逐步恢复，但风险与影响依然存在

随着国内外持续复工复产及消费刺激政策的不断不台，各大城市口岸重新全面开放，全球海运业逐步恢复到疫情前水平，但风险与影响依然存在。

全球港口集装箱吞吐量稳定恢复并实现增长。在国内，中国交通运输部数据显示，2021年第三、第四季度全国港口完成货物吞吐量均比2020年同期增长1.33%，全国港口完成集装箱吞吐量则分别比2020年同期增长0.53%和0.1%。具体而言，第三、第四季度由于大宗商品价格和国际海运费高涨，一定程度上抑制了贸易需求，在总体平衡下全球主要港口货物吞吐量小幅度上调

0～3%，且已基本恢复至疫情前水平。在国外，全球五大地区2021年下半年的集装箱吞吐量变化率总体仍呈增长走势，但增长速度较2021年初大幅下降，朝着疫情前水平稳步发展，如图4-5所示。

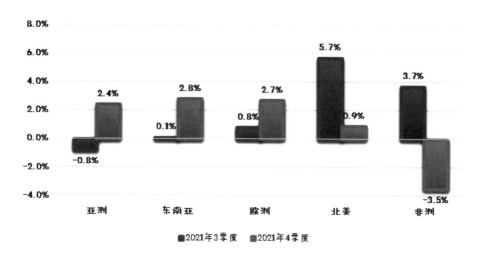

图4-5　全球不同区域2021年第3季度、第4季度集装箱吞吐量增长率

（数据来源：《2021全球港口发展报告》）

集装箱运费和租船费率依然居高不下。海上运输相关环节效率下降，导致航运市场供需失衡，集装箱运费和租船费率居高不下。克拉克森表示，由于全球供应链中断将持续很长一段时间，集装箱运费和租船费在未来的一段时间里仍会保持较高水平。一方面，2021年下半年集装箱租船市场火爆，集装箱期租指数暴涨。克拉克森数据显示，2021年下半年集装箱期租指数最高达401点，创历史最高（图4-6）。其中，2021年下半年集装箱期租指数平均值为359.2点，较上半年的140.3点上升了两倍多。另一方面，集装箱运费在近一年里呈高位波动状态。以中国出口集装箱运价指数（CCFI）为例，2021年上半年CCFI指数月平均值为3 037.72，相比2020年月平均值984.42点上涨208.58%。进入2022年，CCFI指数在3 100～3 500范围内波动，上下涨幅比5%左右（图4-7）。

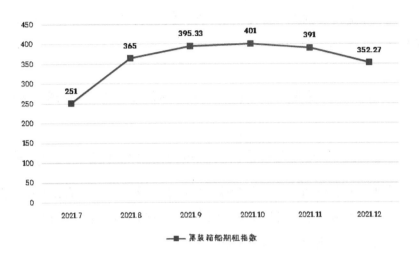

图4-6　2021年下半年集装箱船期租费率指数

（数据来源：克拉克森）

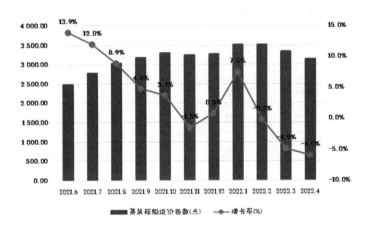

图4-7　2021年6月至2022年4月中国出口集装箱运价指数（CCFI）

（数据来源：上海航运交易所）

　　欧美等国家港口拥堵仍然存在。2022年第一季度，中国港口船舶平均在港时间为1.74天，与2021年中国港口全年平均值基本持平，其中上海港港口物流能力提升最快，平均在港时间为1.99天，较2021年下降22.7%。而2022年第一季度，以洛杉矶和长滩港为代表的美国西海岸港口在港时间分别为8.06天、7.79天，虽较2021年下降了15.1%、24.8%，但船舶平均在港时间仍然较长。此外，部分欧美港口还出现港口拥堵加剧现象，纽约港、汉堡港和安特卫普港船舶平均在港时间分别为4.56天、3.19天、2.67天，较2021年全年平均值分别增长88.6%、35.7%、35.7%（表4-2）。

三、战争冲突带来海上运输的巨大不确定性，影响全球海上运输安全

（一）战争冲突引发一系列制裁给海上运输带来巨大的不确定性

战争冲突所造成的影响波及全球，对海上运输安全产生直接影响。此外，相关国家或相关国际组织对战争冲突双方或多方的相关制裁也将严重影响海运贸易，将全球海运业推上风口浪尖。

表4-2　全球主要港口2021年集装箱吞吐量、平均在港时间及2022年1季度平均在港时间

港口	2021年集装箱吞吐量/万TEU	2021年全年平均在港时间/天	平均在港时间		
			2022年第一季度平均在港时间/天	与2021年同比涨幅/%	较2021年全年平均值涨幅/%
上海港	4 703	2.44	1.99	−20.0	−22.7
新加坡港	3 747	1.78	1.74	−1.5	−2.3
宁波—舟山港	3 108	2.16	2.21	12.0	2.3
深圳港	2 877	2.03	1.92	20.0	−5.7
广州港	2 418	1.46	1.67	66.8	12.3
青岛港	2 371	1.74	2.01	8.1	13.6
釜山港	2 269	1.56	1.67	2.4	6.6
天津港	2 027	1.88	1.84	8.2	−2.1
香港港	1 779	1.33	1.27	12.4	−4.8
鹿特丹港	1 510	2.01	2.95	14.5	31.7
迪拜港	1 377	1.68	1.69	5.8	0.8
巴生港	1 374	1.84	1.79	18.0	−2.7
厦门港	1 205	1.34	1.47	32.7	9.1

续表

港口	2021年集装箱吞吐量/万TEU	2021年全年平均在港时间/天	平均在港时间		
			2022年第一季度平均在港时间/天	与2021年同比涨幅/%	较2021年全年平均值涨幅/%
安特卫普港	1 202	1.72	2.67	26.5	35.7
丹戎帕拉帕斯港	1 120	1.84	1.58	−5.2%	−16.2
洛杉矶港	1 067	9.28	8.06	−27.6	−15.1
高雄港	986	0.99	1.24	22.4	20.4
长滩港	938	9.72	7.79	−25.0	−24.8
纽约港	899	0.52	4.56	58.4	88.6
汉堡港	870	2.05	3.19	39.9	35.7

数据来源：上海航运交易所

在过去10年的大部分时间里，航运一直是国际制裁中的焦点，一些突发状况使得运力收紧进而影响市场。比如在俄乌冲突中，笔者根据克拉克森研究统计数据可知，俄罗斯船东拥有的船舶数量约为3 000艘，合计1 810万总吨，占全球船队运力的1.2%。其中超过一半的吨位是油轮和液化气体船，在全球油轮和LNG运力中的占比分别为2.4%和2.1%。此外，全球船队中有0.8%运力入俄罗斯船级社，0.6%运力挂俄罗斯船旗（图4-8）。如若俄罗斯航运企业直接受到相关制裁，则会立刻产生市场运力空缺，直接推高即期市场运费水平。另一方面，根据ICS发布的《海员劳动力报告》显示，截至2021年，全球远洋运输轮船的船队中，总计有189万名海员。其中，乌克兰国籍的船员为76 442人，俄罗斯国籍的船员为198 123人，前者占有4%的比例，后者则占有10.5%的比例，两者合计占比为14.5%。俄乌冲突下，随着空域禁飞政策颁布，国际船员的调配成为重要问题。此外，不同国籍海员的支付问题也将进一步加剧海员短缺问题。

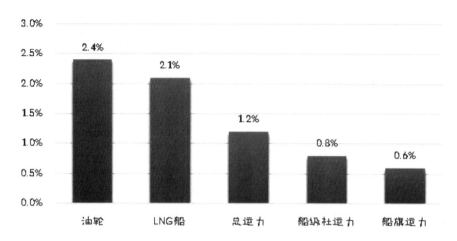

图4-8 俄罗斯船队运力占全球比重
（数据来源：克拉克森）

（二）对俄罗斯石油出口制裁带来国际能源运输的巨大不确定性

一直以来，俄罗斯作为重要的原油和天然气出口国，该国全球海运石油出口占全球海运石油运量的10%，其中原油、成品油分别占9%、11%，欧盟大约39.5%的能源进口来自俄罗斯（图4-9）。然而，俄乌冲突以来，俄罗斯的能源进出口受到极大影响，国际石油运输市场首当其冲，成为当前受影响最大的板块。

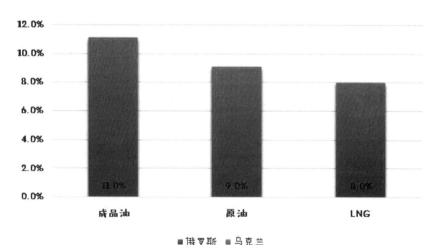

图4-9 2021年俄、乌两国国际能源出口量占全球总出口量比重
（资料来源：克拉克森）

在能源运价方面，国际油轮运费波动上升，并于高位宽幅震荡。2022年1—4月，波罗的海原油运费指数（BDTI）平均值为1 054.14点，最小值为679点，最大值为1 744点，较2021年平均值上涨63.6%。具体而言，1月初至2月中旬BDTI指数均在690点上下波动。2月下旬受俄乌冲突影响，BDTI开始暴涨，从2月24日725点上升至3月7日1 517点，上涨幅度达109.2%。3月中旬至4月底，BDTI指数呈高位宽幅震荡，最低到1 092点，最高达1 744点（图4-10）。

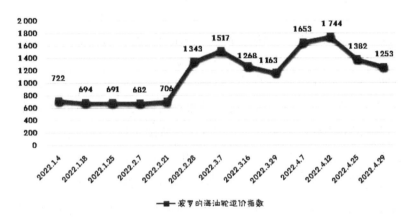

图4-10 2022年1—4月波罗的海原油运费指数走势

（数据来源：波罗的海交易所）

（三）俄、乌亚速海—黑海区域封锁对干散货运输通道安全造成影响

据船舶经纪公司BRS称，2021年黑海地区是世界第二大粮食出口地区，货运量为1.112亿吨，俄、乌两国粮食出口占全球总量的7%和9%。此外，俄罗斯的煤炭海运出口量还占全球总量的11%（图4-11）。而俄乌冲突破坏了黑海地区的海运贸易，导致进出口贸易转向南美其他国家，平均运输距离增加，推涨运输成本。

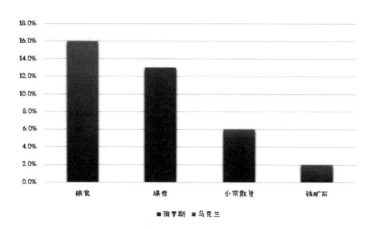

图4-11　2021年俄、乌两国主要干散货海运出口量占全球总出口量比重

（资料来源：克拉克森）

一方面，俄、乌亚速海—黑海区域港口货运受到明显影响，全球粮食价格已处在近十年来的高位，俄、乌作为全球粮食出口大国，国际粮食贸易和干散货航运市场受影响剧烈。另一方面，国际干散货船运费小幅度波动上升。2022年前4个月，波罗的海干散货运价指数（BDI）平均值为2 065.88点，最小值1 296点，最大值2 727点，相比2021年波罗的海干散货运费指数平均值下降29.8%。2022年2月，俄乌冲突爆发，波罗的海干散货运费指数从2月22日的2 069点上涨至3月15日的2 727点，涨幅达31.8%，并在之后的两个月中在2 000～2 500点反复波动（图4-12）。

图4-12　2022年1—4月波罗的海干散货运费指数走势

（数据来源：波罗的海交易所）

第二节 基础设施互联互通仍然面临重大机遇
具有广阔前景

一、海上丝绸之路沿线基础设施合作具有广阔前景

基础设施建设是"一带一路"建设的优先领域，助推构筑沿线国家海上互联互通网络，开拓港口、航运物流和临港产业等合作领域，是建设海上丝绸之路的重要内容。21世纪海上丝绸之路沿线国家涉及东南亚、南亚、中东、非洲、欧洲等地区，沿线国家和地区的政治形态、经济状况等不尽相同，其中东南亚、南亚、中东、非洲部分国家和地区的基础设施还比较滞后，对港口建设的利益诉求比较大，深化基础设施互联互通合作依然具有广阔的合作前景。

（一）东南亚地区

东南亚地区港口发展不均衡，除了新加坡等几个大型港口外，其余大多数港口的运作被视为支线港模式，港口基础设施落后于经济发展的需求，经营规模不大，直航业务量小，水深不足，港口拥堵严重。从港口规模上看，马来西亚巴生港和丹戎帕拉帕斯港作为国际中转港，其规模远远超出其他港口，而其他港口大部分是小型港口，主要服务于腹地经济，且大部分港口设备老旧，基础配套设施急需完善。从区位优势看，马来西亚主要港口和新加坡港区位优势明显，马六甲海峡是沟通太平洋与印度洋的咽喉要道，是西亚石油运输到东亚的重要通道，具有发展港口的天然优势。在"一带一路"和区域全面经济伙伴关系协定（RCEP）的促进下，马来西亚与新加坡等国主要围绕集装箱枢纽进行建设，越南、泰国等国家则主要提高口岸门户的集装箱作业能力。此外缅甸政府也大力推进港口基础设施建设。

（二）南亚地区

南亚地区各国整体工业化水平低，工业基础薄弱，经济发展较为滞后，经

过最近几年的发展，南亚地区港口已经具备一定的发展水平。但南亚各国经济体量、人口规模、运营商国际化程度等参差不齐，各国港口现代化水平存在较大差异。国际运营商参与度较高的港口现代化程度较高，主要由本地运营商运营的港口大多缺少专业的装卸设备，港口信息系统也较为落后，现代化水平有待提高。该地区中，科伦坡港凭借其优越的地理区位，成为整个南亚地区的集装箱货物中转枢纽；斯里兰卡港口是区域内主要的集装箱国际中转港口，而其他港口多数服务于腹地经济发展；近期斯里兰卡进一步加强对科伦坡港口的建设，计划投资 3 200 万美元，用于第五阶段扩建；印度受"一带一路"辐射影响贸易增长迅速，对港口的需求均表现出强势增长，港口建设进程也随之加快。总体而言，南亚地区港口等基础设施建设相对滞后，导致港口天然的地理优势没有被很好地利用。但南亚地区港口对中国有重要的战略意义，一些港口是中国海上能源进口通道的重要节点，并且由于地理上相连，南亚部分港口在中国西部地区对外开放中起到重要作用，是连接中东和非洲地区的支点。在"一带一路"倡议推动下，国内各大港口运营商均积极参与该地区港口的投资运营。

（三）中东地区

中东地区港口多服务于本地区的石油出口，因此大部分港口以油码头为主。同时技术匮乏在整个中东地区是一种普遍现象，尽管港口基建项目的资金充裕，但由于技术不足等原因会阻碍项目的顺利进行，甚至会起到反作用。近年来，由于中东地区经济发展形势向好和该地区各国港口的大规模基础设施建设等诸多有利条件的支持，中东地区港口逐渐发展起集装箱、散杂货等专业化码头，港口建设意愿尤为强烈。由于石油资源和港口的敏感性，该地区的国家很少吸引国外资本到本国进行港口投资建设，但随着石油产量和出口量的不断增加，原有油码头的通过能力越来越不能满足中东地区原油出口的需要，因此大部分港口开始面向全球招标进行新港建设或老港改造，这为中国在该地区进行港口合作提供了先决条件。其中位于阿布扎比的哈利法港是中东地区港口中发展势头最为强劲的港口，从港口运营状况看，2019—2020 年码头一期处理能力能够满足物流发展需求,未来二期工程的设计能力将达到每年 550 万 TEU，其基础设施建设也较其他港口完善。经过近些年的发展，伊朗经济已走出低谷，吸引外资力度加大，各行业均呈现积极增长态势。但伊朗港口与海湾国家相比仍存在一些差距，如码头等级低，港口发展不平衡，码头建设与市场需求尚不适应，港口综合运输能力、服务水平、增值服务量有待提高，在效益、安全、市场竞争等方面尚有不少亟待解决的问题。以色列政府为了增加港口的竞争力，打破海港经营的垄断局面，海法港及阿什杜德港两港的新建集装箱码头对外招商，由上海国际港务集团投资的以色列海法港于2021年9月正式投入运营。此外阿曼、沙特、阿联酋等国家也都纷纷加强其港口基础设施建设。

（四）非洲地区

非洲地区港口地理位置优越，很多港口属于国际航运重要节点，但由于基础设施水平不高，缺乏建设和维护，产能偏低，集装箱港口能力不足，无法完全满足市场发展需求。从码头泊位基础设施水平看，基础设施水平较低、泊位等级低且集疏运不畅。区域内主要港口普遍具备装卸集装箱、散杂货、油品等功能，但大部分为万吨级以下、非专业化的散杂货泊位及万吨级以上油品泊位等，集装箱等专业化泊位规模有限。码头堆场不足也是非洲大部分港口面临的普遍问题，很多港口位于城市中心，随着城市的不断扩展，港口后方可拓展用地有限，港口仓储、堆场用地严重不足。而且大部分码头缺少专业化的装卸设备，管理能力较差，装卸效率不高；港口现代化、信息化水平低，港口效率普遍偏低、设施不足，还处在港口代际中的第二代港口发展水平，因此船舶排队的情况时有发生。中国在这方面有一定的经验与技术积累，已经与非盟签订了基础设施建设合作备忘录，中国的标准、技术和装备适合非洲的交通运输基础设施需要。如2016年已经完工的吉布提港和由中国港湾控股的尼日利亚莱基港投资、建设、运营项目，即使受疫情影响，项目整体进度也不断提前，稳扎稳打，预计于2023年正式投入运营。此外招商局集团在吉布提、尼日利亚和多哥进行了大规模投资并签署了特许经营权协议。

（五）欧洲地区

欧洲地区的港口发展早，现代化水平较高，已经形成一大批设施设备完善、管理理念先进的国际性大港。相较码头设施老旧、集疏运体系饱受诟病的洛杉矶港和长滩港，安特卫普港拥有良好的硬件设施，备有各式仓库和专用设备，建有钢铁、炼油、石化等工业开发区。鹿特丹港的自动化程度在21世纪初就已经很高了，在欧洲的港口中，鹿特丹港拥有充足且优良的装卸、贮存和运输货物的专业化设施，而且私企和国企都对各类市场进行了大额投资，港池、泊位及基础设施都能得到不断地改造，使之超前发展。现在的鹿特丹港已经成为欧洲最大的集装箱码头。荷兰港口的码头、堆场、仓库、装卸设备、环保设施和水陆空交通运输网及各种支持系统非常完善，而且运营管理科学、规范，信息化管理效率高，引领着世界港口集疏运规范和港口物流服务业。总体而言，该地区绝大多数国家经济较为发达，基础设施水平较高，物流服务较好，港口后方腹地载体也相对发达。欧债危机的爆发使欧洲港口深陷债务危机，最近几年港口腹地经济和贸易需求逐步复苏，但部分港口盈利情况较差，需要外部资本介入，因此大量欧洲港口与全球码头运营商合作，积极寻找中国支点，合作领域包括港口投资、码头运营及物流产业领域等，中国对欧洲的投资将主要集中在港口等基础设施领域，典型的有中希比雷埃夫斯港合作项目。

二、基础设施互联互通是高质量发展的基本盘，可积累大量先期优势

（一）政策优势

21世纪海上丝绸之路主要依托海上合作，发展海上贸易、互联互通和海洋经济，打造一批海上合作支点港口，维护海上大通道的安全畅通。2017年6月中国发布的《"一带一路"建设海上合作设想》中提出，中国愿同沿线各国一起开展全方位、多领域的海上合作。中国已与140个国家、32个国际组织签署200多份共建"一带一路"合作文件，并为当地创造39.2万个就业岗位；与"一带一路"沿线47个国家签署了38个双边和区域海运协定；同时也推动基础设施建设领域取得了实质进展，中国企业建设和参与经营的一批标志性项目取得了一些实际成效，希腊比雷埃夫斯港、斯里兰卡科伦坡港等一大批合作项目落地生根，结出了丰硕的成果，惠及了各国人民，得到了各国领导人的

高度认可。

　　中国通过与沿线国家签署协议或者港口合作备忘录，与多个国家港口达成战略合作或者合作意向，包括港口开发建设、运营管理、海铁联运等多个领域。在2013年成立的中国—东盟港口城市合作网络，致力于落实中国和东盟领导人关于"构筑海上互联互通网络"和"开拓海上务实合作"的共识，重点推进中国—东盟港口城市之间的相互通航、港口建设、临港产业等方面的合作。截至目前，合作网络成员单位增加到39家，其中东盟9家，涵盖了中国和东盟有关国家的主要港口和相关机构。2016年12月，中国和波兰共同签署了《关于成立中国—中东欧国家海运合作秘书处谅解备忘录》，秘书处的建立将有助于推进中国与中东欧（16+1）合作框架下海上互联互通建设，也将推动实施"三海港区合作"倡议。2017年5月，在"一带一路"国际合作高峰论坛召开期间，中国的日照港集团有限公司、中国电建集团国际工程有限公司、盐田港集团有限公司与马来西亚凯杰发展有限公司联合签署马六甲皇京港项目投资合作框架协议。2017年6月6日，中国的天津港集团和俄罗斯符拉迪沃斯托克商贸港有限公司签署合作谅解备忘录，根据备忘录，双方在建立战略合作伙伴关系的基础上，将进一步加强在港口装卸、海铁联运及基础设施建设等方面的合作，共同推进中俄海上双边贸易加快发展。2018年6月，《海丝港口合作宁波倡议》发布，为各国参与港口合作提供行动指引，以落实高峰论坛成果，推动"一带一路"倡议在港口领域的有效实施。2018年11月，中国、新加坡两国政府签署《关于"国际陆海贸易新通道"建设合作备忘录》，以签署谅解备忘录为契机，陆海并进，推进双向互联互通。2019年3月，意大利与中国签署了《共同推进"一带一路"建设的谅解备忘录》，其成为G7集团中首个签署"一带一路"协议的国家。在同年举行的第二届"一带一路"国际合作高峰论坛上，加强港口和航运业界合作被写入论坛联合公报，由中国与13个国家共同建立的"海上丝绸之路"港口合作机制列入了论坛成果清单。2020年7月，江苏省与阿联酋阿布扎比港口签署了3亿美元的投资合作协议，以加强双方在哈里发港自由贸易区的经济联系。2022年初，中国和阿根廷签署了《中华人民共和国政府与阿根廷共和国政府关于共同推进丝绸之路经济带和21世纪海上丝绸之路建设的谅解备忘录》等一系列合作文件，双方将在政策沟通、设施联通等领域展开合作，挖掘双方合作的新机遇，实现共同发展。此外，中国还积极同沿线国家组建港口联盟（表4-3）。2015年11月，中国与马来西亚签署《建立港口联盟关系的谅解备忘录》，组建了"中马港口联盟"，推动双方港口间开展广泛合作，共同致力于两国海上互联互通建设。

表4-3　中国与"一带一路"沿线国家合作政策文件汇总

时间	签署国	政策文件	其他
2013年9月	中国—东盟	成立《中国—东盟港口城市合作网络》	致力于落实中国和东盟领导人关于"构筑海上互联互通网络"和"开拓海上务实合作"的共识，重点推进中国—东盟港口城市之间的相互通航、港口建设、临港产业等方面的合作
2015年11月	中国—马来西亚	签署《建立港口联盟关系的谅解备忘录》	组建了"中马港口联盟"，推动双方港口间开展广泛合作，共同致力于两国海上互联互通建设
2016年12月	中国—波兰	签署《关于成立中国—中东欧国家海运合作秘书处谅解备忘录》	秘书处的建立将有助于推进中国与中东欧（16+1）合作框架下海上互联互通建设，也将推动实施"三海港区合作"倡议
2017年5月	中国—马来西亚	签署《马六甲皇京港项目投资合作框架协议》	由中方负责深水码头的运营管理，日照港集团则通过参与项目的规划、建设及运营，将为港口的海外发展带来重大发展机遇
2017年6月	中国—俄罗斯	签署合作谅解备忘录	根据备忘录，双方在建立战略合作伙伴关系的基础上，将进一步加强在港口装卸、海铁联运及基础设施建设等方面的合作，共同推进中俄海上双边贸易加快发展
2018年6月	中国—迪拜、斯里兰卡、比利时、荷兰等	发布《海丝港口合作宁波倡议》	为各国参与港口合作提供行动指引，以落实高峰论坛成果，推动"一带一路"倡议在港口领域的有效实施
2018年11月	中国—新加坡	签署《关于"国际陆海贸易新通道"建设合作备忘录》	以签署谅解备忘录为契机，陆海并进，推进双向互联互通

续表

时间	签署国	政策文件	其他
2019年3月	中国—意大利	签署《共同推进"一带一路"建设的谅解备忘录》	意大利成为G7集团中首个签署"一带一路"协议的国家
2020年7月	中国—阿联酋	签署了3亿美元的投资合作协议	加强双方在哈里发港自由贸易区的经济联系
2022年2月	中国—阿根廷	签署《中华人民共和国政府与阿根廷共和国政府关于共同推进丝绸之路经济带和21世纪海上丝绸之路建设的谅解备忘录》	双方将在政策沟通、设施联通等领域展开合作，挖掘双方合作的新机遇，实现共同发展

（二）技术优势

国内集装箱、煤炭、石油、矿石、液化品、粮食等专业化码头体系基本建成，有力地支撑了社会经济的发展，在建设过程中也积累了大量的经验与技术，港口工程建设、自动化码头改造与港口运营管理等方面具备显著技术优势。

港口工程建设具备技术优势。在现阶段的港口码头工程建设中，吹砂填方技术以其特殊的优势在工程界得到了大力推广应用。在港口施工中，防腐蚀混凝土、防淤技术、导航定位等先进工艺已被广泛应用。在深水港建设方面，钻孔灌注桩技术已被广泛应用，其不仅能将上部结构传来的动载与静载均匀传递到更深层稳定土层内，而且具有更高的灵活性、更强的适应性和更明显的效果，技术逐渐趋于成熟。当前，以中国建筑、中国交建等为代表的中国企业，在港口规划设计、码头施工、地基处理、疏浚吹填、港口机械制造等港口建设的多个领域均处于世界先进水平。中国港口建设的技术优势不断呈现。

码头自动化改造具备技术优势。随着科学技术的发展，推进码头自动化技术发展是迫切需要和必然要求，但由于新建自动化码头成本高昂、难度较大，因此对旧码头进行自动化改造成为主要途径。国内已有多个港口传统码头自动化改造项目落地，如深圳西部港区海星码头采用堆场自动化技术构建半自动化码头。自动化改造技术得到快速发展，集装箱码头自动化改造技术逐渐成熟，为向"一带一路"沿线国家或地区提供更为优质产品和服务及打造国际合作新平台奠定了基础。通过共建"一带一路"，中国与沿线多国分享自己在基础设施建设和技术方面的发展经验。在共建"一带一路"框架下，深化设施联通，许多沿线发展中国家的基础设施建设得到了巨大发展。同时中国与沿线国家在推进港口、海运领域的合作时，要把中国的经验与所在国的实际情况相结合。不同国家有不同的标准和政策，中国在分享发展经验技术时也要多了解沿线国家的需求，多比较研究，以推动中国港口基础设施建设技术标准体系更加国际化。

港口合作运营具备技术优势。目前，中国港口已与世界200多个国家和地区、600多个主要港口建立航线联系，海运互联互通指数保持全球第一。中国鼓励中外资本投资建设和经营中国港口业，同时加快实施"走出去"步伐，积极推动互利互惠、合作共赢，已在中国成功实践的依托港口发展临港产业和腹地经济的发展模式，得到了沿线国家的高度认同和复制推广。中远海运、中远太平洋、招商局国际、中国港湾等大型国企具有走出去的经验和实力，他们在港口建设、运营、技术和管理等方面的优势具备打包输出的可能。中国和许多地区国家基于共同利益签订了港口投资建设协议，投资建港模式成为中国与经济欠发达国家主要港口的合作模式。

（三）资金优势

作为基础设施行业，港口项目、码头建设规模庞大，技术复杂，市场竞争激烈，投资规模庞大，往往需要投入巨额资本，且风险大、回收周期长，受诸多因素影响。在全球来说，基础设施的投融资都是一个难题，而21世纪海上丝绸之路沿线国家又以发展中国家居多，国家发展水平不一，经济基础相对较弱，有很大的资金和技术缺口。资金局限性是海上丝绸之路沿线国家基础设施建设投资面临的共同难题，自海上丝绸之路倡议提出之后，中国大幅增加沿线港口基础设施投资，加强了与沿线相关国家的金融合作，着力打造共建合作的融资平台。如2014年中国政府宣布成立丝路基金；2016年由中国发起的亚洲基础设施投资银行（亚投行）开业。丝路基金成立多年来，秉承"开放包容、互利共赢"的理念,以市场化、国际化、专业化的运作方式,为境外投资项目提供丰富的融资选择。2017年5月,习近平总书记在"一带一路"国际合作高峰论坛上正式宣布,中国将加大对"一带一路"建设的资金支持,向丝路基金新增资金1 000亿元人民币。如今,丝路基金投资业务已覆盖俄罗斯、南亚、中亚、西亚北非、东南亚、中东欧等区域,丝路基金的签约投资资金运用主要集中在基础设施建设、港口航运等大型国际合作项目。亚洲基础设施投资银行(简称亚投行)也为发展中成员基础设施互联互通建设提供了大量资金支持,促进了亚洲区内互联互通建设。自成立以来,亚投行累计批准贷款额超过220亿美元,累计批准项目108个,目前多国都踊跃加入亚投行,亚投行成为沿线国家基础建设的重要支持。与此同时,中国对外投资也大幅增加,自倡议提出以来,中国就始终致力于推进沿线国家的互联互通。2016年,中国对沿线国家的投资额达到145亿美元,占对外直接投资总额的8.5%。2021年,中国对沿线国家直接投资1 384.5亿人民币,同比增长7.9%,占对外投资总额的14.8%。

(四)经贸优势

基础设施联通是合作发展的基础,也是"一带一路"建设的优先领域,"'一带一路'和互联互通是相融相近、相辅相成的。如果将'一带一路'比喻为亚洲腾飞的两只翅膀,那么互联互通就是两只翅膀的血脉经络"。基础设施互联互通是"一带一路"沿线国家经济增长的"稳定器"和务实合作的"助推器"。

自倡议提出以来,中国与沿线国家贸易增长显著,2021年,沿线国家经济体贸易稳中有进,中国与沿线国家的货物贸易额为11.6万亿人民币,创八年来新高,占中国外贸总额的29.7%;2022年随着RCEP等国际贸易协定的生效,中国与沿线国家的贸易再创新高。据海关总署统计,2022年一季度中国与沿线国家贸易总额同比增长19.5%。"一带一路"贸易在对外贸易中的占比继续扩大,提升至同期中国对外贸易份额的31.1%。中国与沿线国家贸易需求的增长为中国海外水运基础设施建设奠定扎实基础。

中国及沿线国家贸易成本降低。有学者采用"时间价值"估算将货运时间缩短转化为贸易成本降低。研究发现"一带一路"倡议对"一带一路"经济体和非"一带一路"经济体都会缩短运输时间。对于全世界每对国家的运输时间缩短1.2%~2.5%，其中"一带一路"经济体的运输时间缩短了1.7%~3.2%。估计收益最大的是连接东亚及南亚的贸易路线和"一带一路"涵盖的交通走廊。例如，六廊项目中的中国—中亚—西亚经济走廊沿线国家的运输时间将会因交通基础设施改善而缩短12%。将运输时间的缩短转化为贸易成本计算，实施所有"一带一路"交通基础设施项目将会使世界贸易总成本降低1.1%~2.2%。对于"一带一路"经济体而言，贸易成本将会降低1.5%~2.8%。东亚及太平洋和南亚是平均成本降幅最大的地区，交通走廊沿线的贸易成本降幅较大。马士基亚太区总裁也指出，"一带一路"沿线国家间将减少运输时间并促进贸易量一体化增长，在运输途中时间减少一天会使贸易量增长2%。他估算对于沿线的经济体而言，贸易量可增加2.8%~9.7%，世界总贸易量可增长1.7%~6.2%，且所有国家的贸易成本都将下降。

第三节　新一轮产业革命、科技革命为水运发展带来智慧绿色新技术

一、智慧技术指引新方向

新一轮科技革命和产业变革高达数十次，"进入21世纪以来，全球科技创新进入空前密集活跃的时期，新一轮科技革命和产业变革正在重构全球创新版图、重塑全球经济结构""当前，新一轮科技革命和产业变革正处在实现重大突破的历史关口"。人类历史上先后经历了第一次工业革命所创造的"蒸汽时代"，第二次工业革命所创造的"电气时代"，第三次工业革命方兴未艾的"信息时代"。如今，世界经济正处于第三次与第四次产业革命的叠加阶段，逐渐进入第四次工业革命时期。第四次工业革命是利用信息化技术促进产业变革的时代，也就是智能化时代。第四次工业革命呈现出指数级的发展速度，其技术发展和扩展的速度，以及对人类社会影响的广度和深度，是前三次工业革命远

不能相比的。在水运领域重点体现为无人驾驶船舶、自动化码头等智慧新技术。

（一）无人驾驶船舶技术

无人驾驶船舶涵盖的技术领域非常广泛，除了传统船舶技术，还涉及多传感器智能监控系统、自动避碰系统、高可靠高冗余数据传输系统、机电系统自动故障检测系统、自动导航系统、可靠电子海图系统、智能机器人系统、水下机器人系统、防海盗系统技术。无人驾驶船舶在早期主要应用于军事、科考、搜救、海事执法等领域。中国是世界上最早研制无人驾驶船舶并投入实际应用的国家之一。早在20世纪60—70年代就研制成功无人驾驶的扫雷艇。1898年，塞尔维亚裔美籍发明家尼古拉·特斯拉在纽约中央公园的湖面进行了遥控无人驾驶自动化小艇的试验，并取得重大成功。早期的无人驾驶船舶受技术条件的限制，其活动范围和基本功能十分有限。进入21世纪后，随着控制、通信、传感器、导航等技术的发展，部分制约无人驾驶船舶发展的技术瓶颈得以解决，众多发达国家迅速加大了对无人驾驶船舶的投资和研发，无人驾驶船舶迎来了第一个发展高峰期。在军事领域，2007年7月美国首先发布"海军无人艇主计划"，这标志着无人驾驶船舶的发展进入了一个成体系的新阶段；在民用领域，2004年由英国研发的双体无人驾驶艇被广泛应用于水文信息测量与标绘、浅水污染物追踪等领域，2005年由意大利研发的双体无人驾驶艇成功采集了南极洲附近海洋、大气的相关数据；在航运领域，许多在船舶产业领先的公司和专业机构纷纷在经济、技术、法律等方面开展无人驾驶船舶的专项研究，并取得了丰硕成果。最具代表性的是在"2016无人驾驶船舶技术研讨会"上，罗尔斯·罗伊斯公司宣布了高级无人驾驶船舶应用开发计划（AAWA）项目白皮书。该项目由罗伊斯公司牵头，与许多船舶所有人、运营商、专业研究机构和高校研发团队共同合作，前期科研投资额高达6 600万欧元，其中包括无人驾驶船舶各核心技术的研发、相关法律法规的制定、无人驾驶船舶安全性的保证、无人驾驶船舶市场经营模式的建立等项目。在2022年开年后将近一个月的时间里，日本已经完成了内航集装箱船"194 TEU Mikage"和集装箱船"204 TEU Suza-ku"两艘全自动集装箱船的自主航行试验。除集装箱船外，同年2月，日本还顺利完成了大型客车渡船、小型客船及大型客滚船的自主航行。2022年4月22日，中国首艘自主航行300TEU集装箱船"智飞"号在青岛港正式交付运营，该船舶的运营标志着中国在船舶智能航行研发与应用领域处于全球前列，对推动中国智能船舶技术发展具有重要战略意义。

无人驾驶船舶具有降低人工成本、减少事故、节能降耗的优点。虽然无人驾驶船舶发展还存在一系列技术、社会、法律障碍及其他不确定性，但无人驾驶船舶应该是未来船舶的发展目标和方向，因为人类终归要将自己从航海中无处不在的危险和繁重的劳动中解脱出来。随着无人驾驶船舶技术的日益升温，无人驾驶船舶未来的发展水平必将成为衡量一个国家航运业强弱的重要指标之一。

全球经济一体化发展，21世纪海上丝绸之路的顺利推进，都对中国海洋技术与先进装备的开发，尤其是智能船舶与海洋无人驾驶系统的发展提出了新的要求和挑战。海上丝绸之路的开辟和维护所涉及的国家海洋国土防卫、蓝色经济发展、远洋运输、科学考察、渔业生产等领域都需要大量智能船舶和无人系统装备提供支撑。目前，中国的无人驾驶船舶发展仍处于起步阶段，需提高无人驾驶船舶的发展力度，加大资金投入，产学研用一体化突破核心技术研究，以占领无人驾驶船舶发展的制高点，为海上丝绸之路的高质量发展提供技术支撑。

（二）自动化码头技术

本部分对自动化码头技术主要从集装箱码头自动化生产管理操作系统（TOS系统）、码头设备远程操控技术、码头设备运维与监测技术、干散货装卸设备自动化技术及无人驾驶集卡（集装箱卡车）技术5个方面进行阐述。

1.集装箱码头TOS系统

TOS是一种通过结构化、可视化展现与整合码头作业过程中的现场信息及复杂数据以支持码头运营的一种信息化工具。随着港口航运业数字化水平的提升，码头运营的复杂性与不稳定性都有很大程度提升。传统的码头运营管理系统已经无法满足港口的需求，基于云的码头管理系统（TOS）加速发展。近年来，诸多由中国自主研发的TOS系统陆续上线。

2.码头设备远程操控技术

码头设备远程操控技术主要包括岸桥的智能远程操作控制、集卡定位、箱号识别、闭路监控、智能装/解扭锁。岸桥的远程操作创新包括陆侧装卸自动化、海侧装卸智能化等内容。目前，集装箱卡车定位主要有基于2D激光扫描、3D激光扫描及计算机视觉技术的集卡定位创新方法。日照港自动化堆场配置的ARMG采用双悬臂设计，其中海侧悬臂下为内集卡专用车道，陆侧悬臂下为外集卡专用车道，内集卡车和外集卡车均需要进行车辆定位，集卡定位系统在海陆侧均设置2D激光扫描仪和引导用LED显示屏来实现功能。集装箱编号自动识别关键技术分为两大类，一类是基于RFID编码与读取的箱号识别方法，一类是神经网络对数字图像处理的识别方法。闭路监控技术分为基于无线通信技术的远程监控技术和基于5G技术的视频监控系统两类。在现有技术条件下，国内集装箱码头普遍采用集装箱扭锁集中作业点的方式进行装/解扭锁处理。拖车装卸船前全部由装解锁集中作业点处理后再运至目的地。在技术成熟后，可采用机器人智能解锁。此时，利用岸桥OCR系统及通信网络提前反馈给集中处理点卸船箱类型、钮锁大体位置，集中处理点提前准备好相关资源，并由机器人进行解锁回筐。装锁时，利用集中点OCR系统及通信网络或采用集中点人工选取方式确认集装箱类型、装锁种类，由机器人在输送线上夹取钮锁装入箱角。装解锁的异常状态发现、处置由人工处理。初期目标实现60%的集装箱钮锁能在集中处理点采用机器人进行智能处置。

3.码头设备运维与监测技术

码头设备运维与监测技术主要包括基于传感技术的结构健康监测系统、基于人工智能技术的监测系统、基于大数据技术的状态监测系统。

基于传感技术的结构健康监测系统分为基于光纤光栅传感技术的结构健康监测系统和基于阳极梯传感器的高桩码头结构监测系统。光纤光栅传感技术具有抗干扰性强、灵敏度高、能串接复用、信息传输远等优点，可满足长期健康监测要求。阳极梯传感器系统可实现钢筋混凝土架构耐久性监测，适用于沿海高桩码头的结构耐久性的连续、原型监测。结构健康监测与传统的监测方法相比，可实现结构全寿命周期监测、实时监测，监测过程不受恶劣环境影响，且基于监测数据可实现结构的灾变预警，具有自动化程度高、可实现无人化操作、对于突发状况反应及时等优点。

基于人工智能技术的监测系统分为基于工业互联网的远程监测系统和基于仿真技术的在线监测系统。基于工业互联网的远程监测技术以上海振华重工的工业互联网技术应用为代表，其为用户提供的产品远程监测和诊断服务是制造业企业转型发展的国际趋势。上海产业技术研究院和上海索辰信息技术有限公司联合成立的仿真设计工程（联合）实验室为振华重工提供基于仿真的在线监测系统技术支撑。

基于大数据技术的状态监测系统，首先通过内置或外置的传感器实时地采集岸基及水工设施运行状态数据，同时从企业信息系统中收集岸基及水工设施运维数据，然后对数据进行预处理、统计和分析，提取客观规律，找出各参数与岸电设备状态之间的内在关联，即找出导致岸基及水工设施故障的相关因素有哪些及具体的关联是什么，搜索隐藏于海量数据中有着特殊关系性的信息和知识，从而挖掘出岸基及水工设施状态的判断依据。

4.干散货装卸设备自动化

自动化码头干散货装卸设备自动化主要向装船机自动化、斗轮机自动化、卸船机自动化及皮带机自动化这四个方面发展。

装船机自动控制系统采用激光扫描传感器对船舱和物料的外形轮廓进行扫描和数学建模，根据优化算法对装船路径和装载量进行规划，从而实现高效、安全和合适的自动装船作业。装船自动控制关键技术是将船舱物料扫描（激光扫描）系统用于完成船型设定（船舱高度、船舱口位置）和物料建模，自动实现取料装船的配载平衡及移动换仓功能。

斗轮机自动控制系统通过激光扫描得到数据库的堆取料点数据表，将料场分区域体积信息写入数据库的区域体积数据表，采用优选算法，得出最佳堆取料区域，并推送给操作员。操作员参照推送方案（可人为修正），启动全自动堆取料设备，自行运动至堆取料区域进行堆取料作业。

卸船机自动控制系统基于先进的抓斗摆动控制和抓斗路径优化技术，提供半自动、全自动和智能自动3种卸船控制功能。其中，半自动模式下物料的抓取和船型设定由司机完成，其他过程由自动控制实现；全自动模式的船型设定由司机完成，其他过程由自动控制实现；智能自动在全自动的基础上，增加船舱物料扫描（激光扫描）系统用于完成船型设定（船舱高度、船舱口位置）和物料建模，自动设定防碰撞保护和作业区域，减少了自动卸船的准备时间，并且可以对抓取点进行优化。

皮带机自动控制系统是利用PLC、传感器、网络通信等技术实现对散货码头皮带传输装置的自动控制，根据物料装卸、堆取等进出场流程和管理业务需求，制定各皮带机组合传动的流程控制逻辑，从而实现码头生产过程的机械化、连续化及自动化。

5.无人驾驶集卡技术

目前，港口水平运输自动化共有自动导引运输车AGV、无人跨运车ASC、无人驾驶集卡三种解决方案。但是自动导引运输车AGV的制作成本高昂、对港口基础建设要求高及固定轨道难以更改等缺点限制了其发展。无人驾驶集卡已经初具规模，2021年12月21日，由中国移动通信集团有限公司、中国远洋海运集团有限公司、东风汽车集团有限公司三家公司联合开发的"智慧港口2.0"升级方案正式发布，使得无人驾驶集卡从单车智能、磁钉定位升级到"5G+北斗+无人驾驶"深度融合方案，无人驾驶集卡的作业效率、安全性与稳定性大大提升。虽然无人驾驶集卡技术已经取得了很大的进展，但无人驾驶集卡从实验到广泛应用还有很长的路要走，无人驾驶集卡运营资质的获取标准、与普通集卡的区别、标准规范问题、监管问题及未来的技术创新问题等都是未来无人驾驶集卡发展需要重点解决的问题。

2016年3月，全球首个第四代自动化码头厦门远海码头正式投产。数据显示，厦门远海码头投产7年来业务量增长了近7倍，目前共有13条外贸集装箱班轮航线，挂靠"一带一路"沿线11个国家，预计2023年集装箱吞吐量将突破220万标准箱。与传统码头相比，这里的一线运营人员减少70%，能源节省25%，效率提升20%，其成功经验为自动化码头的应用建设提供了范本。2021年10月，全球首个"智慧零碳"码头在天津港北疆港区正式投产运营。天津港的自动化集装箱码头拥有"智慧大脑"，首创的"智慧水平运输系统"可以将全生产信息要素进行实时交互，效率比传统码头提升约20%；拥有"智慧手脚"，新一代智能水平运输机器人可以通过搭载激光雷达、视觉摄像头等多种传感器，摆脱了以前只能按照既定路线干既定活的局限。与传统码头相比，这个码头没有化石能源，全部用电，电力供应来自于风电、光电，实现了能源消耗和生产环节的"零碳"，同时码头工艺、设备、建筑等全方位实现低能耗，比传统自动化码头节能17%以上。如上所述，自动化码头的应用不仅可以提高港口与船舶作业效率、降低成本，还可以实现节能减排。建设绿色低碳、节能环保的智慧绿色码头，为21世纪海上丝绸之路水运高质量发展提供了保障。

二、绿色技术支撑新要求

（一）绿色港口技术

港口温室气体排放来源主要分为三类。第一类是港口设备产生的直接碳排放，如港口内集卡、龙门吊等。第二类是港口经营用电产生的间接碳排放，如港区照明等。第三类是其他来源，如船舶靠港时进行燃油发电产生的碳排放。因此，相应的绿色港口技术也随之产生。

1.内集卡"油改气"技术

集卡是集装箱卡车的简称，因其体积小、调度灵活，成为港区内外集装箱运输的重要工具，按作业区域的不同又可分为外集卡与内集卡。外集卡不归属于集装箱码头，只负责将集装箱运送至集装箱码头或者将集装箱从码头运走，主要运输区域为港区外的公路，不属于本节研究范围。而内集卡则是在港区内作业的集装箱卡车，主要负责码头内集装箱的运输，受集装箱码头控制。因此港口集装箱卡车的"油改气"对象为港区自有的内集卡。内集卡"油改气"技术是国内外集装箱港口节能减排、打造绿色港口的重要举措，完善内集卡"油改气"技术及相应的配套设施，以提高节能减排的效果，加快近"零碳"港口建设。

2.龙门吊"油改电"技术

龙门吊一般指门式起重机，是桥式起重机的一种变形，能够进行集装箱装卸等作业，是港口最重要、最常见的机械设备。龙门吊具有场地利用率高、作业范围大、适应面广、通用性强等特点，在港口得到广泛使用。传统的龙门吊一般采用柴油机发电，发电效率低且会产生空气污染，对港区环境造成严重破坏。龙门吊"油改电"是使用电力为吊车提供动力，港区的分布式光伏发电及网供电力可为其提供"油改电"的电力，显著降低龙门吊对环境产生的污染，同时还能使用清洁能源，节约燃料成本，实现环境与经济双重效益，达到节能减排的目的，加快港口近"零碳"建设。

3.港口岸电技术

港口岸电是指靠港船舶通过接电设备连接码头供电装置取代传统燃油发电。一直以来，靠港船舶燃油发电产生的污染物是港口主要的大气污染源之一。船舶靠港使用岸电是减少靠泊期间 CO_2 和大气污染物排放的有效措施。中国港口应积极响应建设生态港口的号召，进一步完善岸电供应服务体系，严格控制船舶污染物的排放，提高船舶靠港岸电的使用率，升级改造港口作业机械，优先使用新能源和低碳清洁能源，从用能方面推进绿色港口的建设。

港口通过应用岸电技术，靠泊港口的船舶关闭船舶自备辅助发电机，转而使用港口方提供的电力，向主要船载系统供电，由此控制柴油颗粒物、氮氧化物、硫氧化物的排放量和噪声污染。据测算，插入岸基电源能使船舶每次靠港减少高达95%的柴油颗粒物、氮氧化物、硫氧化物的排放量，具有明显的减排效果。

4.分布式光伏发电

太阳能作为清洁无污染的新型能源，其普及程度在将来会越来越高。港口利用现有大型仓库屋顶闲置资源实施光伏发电，将光伏发电与龙门吊"油改电"及岸电项目相结合，将是建设绿色低碳港口、实施节能减排的重要途径之一。

光伏发电是利用半导体界面的光生伏特效应，将光能直接转变为电能的一种技术。分布式光伏发电具有因地制宜、清洁高效、布局分散、就近利用等优点，可以充分利用当地太阳能资源，替代和减少化石能源消费，是一种新型的具有广阔发展前景的能源利用方式。光伏发电在发电过程中直接将光能转换为电能，不会对水和空气产生污染，是一种清洁无污染的可再生能源。

虽然分布式光伏发电技术已经十分成熟，但是在港口中的应用案例却很少，主要原因是许多港口码头可用于安装光伏板的区域有限，且光伏发电系统的投资回报率不高。港口可根据自身是否符合光伏发电的条件，如地理位置、是否有建筑物遮挡等，利用现有大型仓库屋顶闲置资源进行改造，同时将光伏发电与龙门吊"油改电"及岸电项目相结合，最大限度地提高光伏发电的利用率，以建设绿色低碳港口，实现"零碳"港口建设。

5.分布式风电

风力发电是指利用风机发电机，将风的动能转化为机械能，再将机械能转化为电能利用的能源形式。风力发电分为集中式风电和分布式风电，港口风力发电建设属于自发自用的分布式风电。其对土地资源和电网设施要求较低，前期资本投入相对较小。在港口内建设分布式风电，其产生的绿色电能可供港口生产直接使用。分布式风电具有环保、经济、实用等特点，既能降低发电的碳排放量又能降低用电成本，是近年来国内兴起的可再生能源形式。针对港口分布式风力发电系统的研究设计可有效降低港口用能成本，减少污染物的排放，优化港口用能体系，助力推进绿色港口建设，为"零碳"港口建设做出贡献。

龙门吊"油改电"技术、港口岸电技术、港口绿色技术都涉及电能的应用，港口的分布式光伏发电和分布式风电产生的清洁电能可以与上述的绿色港口技术相结合，提高清洁电能利用率，更好地建设"零碳"港口。海上丝绸之路沿线港口节点众多，积极利用绿色港口技术，减少沿线各港口节点碳排放水平，势必能够实现海上丝绸之路水运的高质量发展。

（二）清洁燃料利用技术

一是液化天然气（LNG），主要成分是甲烷，被公认是地球上最干净的化石能源，无色、无味、无毒且无腐蚀性。液化天然气是天然气经压缩、冷却至其凝点温度（-161.5℃）后变成液体，通常液化天然气储存在-161.5℃、0.1 MPa左右的低温储存罐内，用专用船或油罐车运输，使用时重新气化。20世纪70年代以来，世界液化天然气产量和贸易量迅速增加。2021年，中国进口LNG达8 140万吨，超过日本成为全球最大的液化天然气（LNG）进口国。

目前，LNG在水运领域主要作为船舶燃料使用，另外港口也使用LNG，这对优化交通领域能源结构，促进能源高效利用，实现节能减排目标，促进水运领域高质量发展具有重要的战略意义和现实意义。船舶使用LNG有很多优点：

可减少污染物排放，先进的天然气发动机比传统燃油发动机的 CO_2 排放量减少 30% 左右，氮氧化物排放量降低 80% 左右，硫氧化物和颗粒物排放几乎没有；不污染江河水质，如有 LNG 泄漏，气化后挥发，不会像溢油对水体产生污染；提高运输安全性，LNG 气化后着火点高且不易引爆，业内公认 LNG 较燃油安全；节约船舶运输成本，船舶使用 LNG 较使用符合国标的船用柴油节约燃料费用 25% 左右（2019 年 LNG 和 0 号柴油价格分别为 5 200 元/t 和 6 900 元/t）。LNG 在港口的应用主要是为集卡"油"改"气"。例如，从 2010 年起，宁波—舟山港开始逐步使用 LNG 集卡。目前,宁波—舟山港有 LNG 集卡 650 余辆，LNG 加气站共计 11 座，可以满足港口对 LNG 的需求，从而减少燃油的使用和废气的排放。

　　二是氢能，氢能是人类生存和发展所需能源的重要补充。氢能的燃烧只会产生水和少量的氨，是一种"零碳"燃料，具有储量丰富、热值高、零污染、来源丰富、应用广泛等优点，正逐步成为全球能源转型发展的重要载体之一。氢气产业链包含上游制氢、中游储氢运氢和下游加氢用氢三部分。目前，中国的氢能产业正处于刚刚落地的阶段，具有较大的发展空间，存在着较大的不确定性。2022 年 3 月 23 日，国家发改委、国家能源局联合印发《氢能产业发展中长期规划（2021—2035 年）》（简称《规划》），明确了氢作为中国未来国家能源组成部分的能源属性，规划中提到充分发挥氢能低碳清洁的特点，推动交通等行业的绿色低碳转型，助力实现"双碳"目标。

第五章

21世纪海上丝绸之路水运高质量发展路径的总体要求

第一节　需要提升应对全球性问题对海上丝绸之路水运安全影响的能力

一、海上丝绸之路水运高质量发展依赖安全、高韧性的通道网络

经过中国与共建国的共同努力，21世纪海上丝绸之路建设取得了突破性进展，沿线国家基础设施条件得到改善，海上丝绸之路贸易指数大幅攀升。然而，国外的一些制约与国内人口老龄化、服务业化、产业升级及制度转型等多重阻力使得海上丝绸之路需要转变思路，以提升发展质量来促进海上丝绸之路的持续推进。而海上丝绸之路高质量发展需要安全、高韧性的通道网络，为推动多边合作、促进海上贸易提供通道支撑。

海上丝绸之路高质量发展推动经贸合作日益深化，沿线国家海上贸易依赖安全的通道网络。中国海洋经济分析报告（2021）显示，2020年中国与21世纪海上丝绸之路沿线国家和地区货物进出口总额达12 624亿美元，同比增长1.2%。中国海运进出口量增长6.7%，达34.6亿吨，占全球海运贸易量的30%。随着21世纪海上丝绸之路高质量发展的不断推进，中国与沿线国家贸易总量将不断增长，海上运输安全成为高质量运行的基础保障。一方面，海运航线是连

接各要素的纽带，在海运空间系统中起着承上启下的作用，影响着海上运输的安全。由于21世纪海上丝绸之路沿线国家具有重要的地理位置和战略价值，东南亚、南亚、中亚、西亚乃至中东欧都是大国角力的焦点区域，不可避免会引起地缘政治冲突及海域附近海盗行为，影响高质量发展的推进。另一方面，海上运输关键节点作为连接大洋与大洋之间的桥梁，成了一种海上战略通道，对沿线国家的海上贸易安全性也起着关键作用。例如，马六甲海峡不仅仅是西亚到东亚的最短通道，更是中东石油运输到中国的关键通道，中国六成以上的进出口石油需要经过马六甲海峡，其对于中国的能源运输具有战略性意义。

　　面对国内外多重阻力的情况下，海上丝绸之路高质量发展需要有韧性的网络通道。目前，21世纪海上丝绸之路正朝着以开拓突破为主向以收缩稳定为主转型的关键阶段，内涵式、高质量稳定发展成为21世纪海上丝绸之路可持续发展的新目标。然而，国内外形势的变化使得21世纪海上丝绸之路高质量发展面临诸多压力，复杂多变的国际形势使得海上贸易不确定性大大增加，海上运输对海上通道的韧性要求剧增。在国内，人口老龄化、国内资产不足等问题增加了海上丝绸之路高质量发展的风险与挑战，提升了海上运输安全的不确定性。在国外，欧美等发达国家针对新时代下的国际秩序与经济循环，采取了全新的应对措施，21世纪海上丝绸之路高质量发展面对诸多阻力，其海上贸易的不确定性增加，对海上运输通道的韧性也提出更高的要求。

　　此外，21世纪海上丝绸之路高质量发展使得中国与沿线国家贸易合作进一步提速，海上贸易需求进一步增加；而在国际环境日益复杂的情况下，中国作为21世纪海上丝绸之路的提倡国与主导国，面临着国内外一系列新的问题与威胁，这也进一步增加了海上贸易的不确定性。因此，21世纪海上丝绸之路高质量发展需要安全、高韧性的海上运输支撑，以便为沿线国家的海上贸易提供基础保障。

二、海上丝绸之路水运高质量发展依赖自主可控的运输能力

　　数据显示，全球国际贸易量的90%通过海运方式完成，海上运输船队成为全球贸易重要的运输工具。21世纪海上丝绸之路沿线国家通过海洋相连，在内

涵式、高质量稳定发展的转型期间，海上丝绸之路沿线国家将进一步深化双边合作，海上贸易需求将持续快速增长，而海上运输能力的更新转变成为推动海上丝绸之路高质量发展的空间位移保障。

海上丝绸之路高质量发展促进中国与沿线国家的进出口贸易快速增长，海上需求增长需要相对应的海上运输能力给予运输保障。中国海关总署、中国商务部数据显示，2016年以来，中国与"一带一路"沿线国家进出口贸易额不断增加，且增速总体呈爆炸性增长。2021年末，中国与"一带一路"沿线国家进出口贸易额达11.6万亿元，较2016年增加了5.3万亿元，年均增长率达10.71%。其中2021年中国与"一带一路"沿线国家进出口贸易额同比增长达23.6%，创近8年来的新高（图5-1）。在21世纪海上丝绸之路高质量发展的要求下，中国与沿线国家的进出口贸易势必进一步增加，面对快速增长的海上运输需求，需要与之匹配的船队运力支撑，为海上丝绸之路的发展提供运力保障。

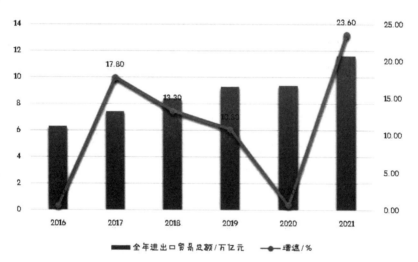

图5-1 2016—2021年中国与"一带一路"沿线国家进出口贸易额变化及其增速

（数据来源：中国海关总署、中国商务部）

面对日益复杂的国际环境和各种突发事件，海上丝绸之路沿线国家的海上贸易线路可能发生改变，甚至可能出现海上运输船舶遭受袭击事件，此时需要国家政府提供国防安全船队给予保护。此外，经济风险聚集也会冲击沿线国家海上贸易发展。

综上所述，无论是为了保障快速增长的海上贸易需求，还是应对日益复杂的国家环境，海上丝绸之路都需要自主可控的海上运输能力作为其高质量发展的运输保障。

第二节 极端事件要求基础设施具备适当超前能力

一、极端事件冲击下港口基础设施能力不足问题凸显

近年来，内外部形势瞬息万变，前一刻还风平浪静，后一刻就风起云涌，"国际贸易战""英国脱欧""地缘政治冲突"等，无论是外部政治、经济、贸易环境的复杂多变，还是国内环境的一些制约因素，无一不对当前港口生产活动产生极大影响。一些突发事件暴露了许多港口都面临基础设施升级的问题，凸显了港口迫切需要投资的境况，也导致了部分已投资项目暂时无法继续建设或实施。在过去几年里，船舶大型化发展，商船规模增长，港口基础设施面临升级调整压力，以及新冠疫情、船舶搁浅等事件表明，在某些地区，基础设施领域的改善和投资对于缓解与贸易物流有关的供给扰动至关重要。

二、要适度超前加快港口基础设施建设，提升应对各种极端事件的韧性

在此背景下，对全球货物贸易主要航线上的港口基础设施进行升级改造和投资，可以应对越来越大的船舶，有助于减少全球范围内的瓶颈；改善港口数字基础设施可以促进远程办公，这同样有助于减轻对其他国家的溢出效应；而且基础设施的升级可更好地促进区域内互联互通，进而释放更大的发展潜力。基础设施投资与建设将促进港口具备超前适应力，促进港口完善功能，拓展延伸港口服务功能，使其具备适当超前能力。

第三节　智慧绿色是水运高质量发展的必然
要求与基本方向

人工智能是新一轮科技革命和产业变革的重要驱动力量，加快发展新一代人工智能是事关中国能否抓住新一轮科技革命和产业变革机遇的战略问题。智慧化、智能化技术的进一步应用也为水运行业发展带来了新的应用场景，同时新场景的出现也将进一步促进水运高质量发展，而推动水运业智慧化建设是新时代背景下发展高质量水运的必然要求和基本方向。同时，"一带一路"倡议为中国水运业转型升级带来新的历史发展机遇，因此，全面构建"智慧水运"，向创新化、科技化、智慧化转变的改革势在必行。

（一）智慧化、无人化带来水运高质量发展的新场景

2019年5月，交通运输部等七部门联合发布《智能航运发展的指导意见》，意见中明确提到2050年形成高质量智能航运体系。智能航运是一个庞大、复杂的系统结构，从涉及的领域划分，大致包含智能船舶、智慧港口、智能航行保障体系、智能航运服务、智能监管五部分。在智能船舶方面，大量人工智能、大数据、物联网等技术与传统船舶技术相结合带来了无人化在船舶应用的新场景——无人驾驶船舶；在智慧港口方面，智慧化、无人化为智慧港口的发展带来了自动化码头的新应用场景，自动化码头TOS系统、码头设备的远程操作控制、码头设备的运维与监测、港区水平运输作业智能化、智能闸口与智能堆场及码头装卸设备的自动化等都是智能化、智慧化技术在港口生产作业智能化场景的创新应用；在智能航行保障体系方面，目前，中国关于智能航保体系的研究还处于初级阶段，张璞提出了基于Docker容器的智能航保云平台结构设计，通过先进技术和智能化手段，全面促进中国航保体系服务能力的进一步提升；在智能航运服务方面，智慧化、无人化为水运高质量发展带来的应用场景主要包括智能航运服务平台搭建、智能航运电子商务平台、水上ETC、"云上港航"平台等；在智能监管方面，智慧船舶交通管理系统利用智能化手段为海事监管提供有力保障，是智能化在航运智能监管方面促进水运高质量发展的应用场景

之一。

（二）智慧智能解决水运高质量发展面临的新问题

智慧化进一步加速信息流通，带来效率大幅提升。2016年12月31日，"中国国际贸易单一窗口"正式上线，是全国"单一窗口"的门户网站，是提供各地方"单一窗口"的入口和口岸综合资讯服务平台，打破了信息孤岛，帮助进出口企业提效降本。目前很多港口已经建立综合型的信息服务平台，但是缺乏规划，系统一致性不足，信息共享存在一定障碍，相关单位业务协同存在困难，无法发挥有效联动效应，物流信息流通水平较低，影响港口航运业的作业效率。智慧水运的发展可以进一步推进市场资源整合和信息流通，完善"单一窗口"的发展应用，实现"车、船、港、货、人"五大基本要素的有效联动，降本增效，促进水运领域整体物流效率的提升。

智慧化减少突发事件等对水运行业的影响。新冠疫情的爆发，对港口作业与运营、船舶的防疫和换班制度等造成严重冲击，同时也进一步体现了市场资源整合和信息流通整合的必要性。积极推动智慧航运建设可以从本质上提高作业效率、保障供应链畅通，解决突发事件等对港口生产作业、港口业务办理、船舶应对等方面的问题。突发事件等所带来的人员管控和必要的防护措施，使得港口工作人员减少，使得港口物流节点的集疏运能力下降，码头堆场的集疏港体系不畅，而新一代信息技术为港口带来的自动驾驶、设备远程控制、智能理货、自动化码头等则既具有安全、高效的优点，同时，还可以在很大程度上降低港区对工作人员的依赖度，为港口的生产作业提供支持。另外，智慧港口下的"智慧管理平台"，可以为航运企业业务职能人员及港口上下游相关业务办理人员提供"无人业务办理"服务，减少人员聚集。如今，全球产业链和供应链运作模式面临调整，数字化、平台化和智能化进程将显著加快，港口发展只有顺应时代变化，才能巩固和提升在全球贸易和港航供应链中的地位。

（三）海上丝绸之路水运高质量发展需遵循全球绿色低碳转型大方向

2020年9月22日，习近平总书记在第七十五届联合国大会一般性辩论上发表重要讲话，他指出，应对气候变化，《巴黎协定》代表了全球绿色低碳转型的大方向，是保护地球家园需要采取的最低限度行动，各国必须迈出决定性步伐。中国将提高国家自主贡献力度，采取更加有力的政策和措施，二氧化碳力争于2030年前达到峰值，努力争取在2060年前实现碳中和。目前，全球正面临着气候变化这一重大挑战，任何国家、任何行业都无法置身事外，只有各个国家、行业携手努力，最大程度地降低温室气体排放，实现绿色低碳发展，才能缓解气候变化带来的频繁自然灾害。

2021年，全球海运贸易量高达119.7亿吨，航运业是全球经济的生命线，承担着全球85%以上的货物运输任务。中远海运董事、总经理付刚峰在第二届联合国可持续交通大会上表示，"海运业应该成为绿色发展的先行和关键力量"，海运业连接着各行各业，处于行业主导且关键地位，有责任通过自身的绿色转型引领产业链、供应链朝着绿色可持续方向发展。根据国际海事组织出台的《国际防止船舶造成污染公约》相关修正案、导则和通函，鉴于航运业温室气体排放比例将进一步上升，国家要求加快推动航运业减排，推行行业转型新能源，实现并达成脱碳目标。

水运承担着全球绝大多数的货物运输，水运领域的能源消耗是巨大的，与此同时产生的碳排放量也是巨大的。水运领域使用的能源主要是化石能源，如石油、煤炭等，这些能源不仅是有限不可再生能源，而且燃烧过程中还会产生大量的温室气体，造成严重的生态环境问题，威胁到人类社会的可持续发展。因此，在航运业发展能源，转换，利用清洁低碳能源，不仅可以节约资源还可以保护人类赖以生存的生态环境。根据全球港口发展报告（2021），太阳能、风能和氢能是排名前三的港口可替代性清洁能源，其中太阳能和风能等作为一次性能源，转换的电能是真正的"零碳"能源，氢能是连接一次能源和能源用户的纽带，是一种"含能体能源"，燃烧会产生水和少量的氨，是一种来源广泛、应用广泛的"零碳"能源。港口只有积极探寻可直接使用的替代型清洁能源或用于发电的清洁能源，才能使港口运营达到真正的"零碳"。港航领域唯有积极利用清洁能源，探索清洁能源高效、低成本的利用技术，实现水运"零碳"生产，才能实现水运的高质量发展。因此，发展绿色低碳水运不仅是适应时代发展的要求，也是实现水运高质量发展的必然要求。

第四节 国际合作是构建人类命运共同体要求下应对高质量发展共同问题的根本途径

（一）合作共赢是建设新型国际关系、构建人类命运共同体的根本要求

合作共赢是构建新型国际关系的根本要求。新时代中国特色大国外交的总目标就是推动建设新型国际关系，推动构建人类命运共同体。所谓合作共赢，强调的是奉行双赢、多赢、共赢的新理念，打破独赢旧思想，避免世界朝着富裕国家越来越富裕而贫穷国家越来越贫穷发展。新时代下建立新型国际关系与传统国际关系存在明显的不同，更加强调摒弃传统的以强凌弱的丛林法则，倡导建立大小国家一律平等的国际新秩序，这与合作共赢的核心内涵不谋而合。因此，构建新型国际关系必须要把握合作共赢这一核心理念。在处理国际关系中应以维护人类共同利益为基础，增强各国间的互动与协调合作，各国在促进共同利益中才能得到更好的发展。一是以合作共赢思想推动对话不对抗的新型关系，通过求同存异追求各国的共同利益。随着科技进步，各国间的交流愈发频繁、依存程度愈发紧密，一旦发生冲突或形成对抗性关系，将对世界发展造成难以估量的影响，"和则两利、斗则两伤"已成为当今世界国际关系最真实的写照，求同存异、合作对话越来越成为各国的优先选择。二是强调结伴而不结盟的新型关系，以平等合作为基础共同面对挑战。打破结盟关系下有主有从的设定，各国将以谋求政治、经济和安全的共同利益为目标，相互合作、平等互利。三是打造依存而不依附关系，通过合作走自助发展道路。依存而不依附，独立而不独占独享，是达成合作共赢的必然要求，更是构建新型国际关系的重要原则。

合作共赢是构建人类命运共同体的根本要求。随着全球化日益加深，国际环境愈发复杂，世界和平、发展与安全面临新的挑战，世界各国携手构建人类命运共同体面临新的问题，迫切需要用合作共赢促进世界大局的稳定发展。一是合作共赢是维护世界和平稳定的现实要求。在全球交流日益紧密的今天，国与国间利益冲突引起的军事冲突将引发国内发展停滞乃至经济发展倒退、百姓

流离失所，国际经济动荡、世界贸易波动。唯有国家之间的合作发展，才是人类社会长治久安的秘诀，同时这也是世界各国人民的共同心愿。二是合作共赢是全球经济高度相互依存的现实要求。由于世界各国资源禀赋相异，各国经济发展特色趋于多样化，产品从原材料采购、生产组装到销售等整个供应链环节将在世界各国分工完成，各国之间相互协作使得国内经济发展与国际经济发展密切相关，一旦抛弃合作共赢的思路，最终将得不偿失。三是合作共赢是应对全球性问题的现实要求。当今世界仍然处于不确定的状态，单边主义、保护主义、霸权主义等问题层出不穷，团结合作成为各国面对这些问题的有力武器，成为实现各国共赢的有效应对途径。

（二）海上丝绸之路水运高质量发展面临的全球性问题需要国际合作解决

海上运输承担了全球90%左右的国际贸易货物量，其对各国国内经济发展、国际货物贸易、战略资源运输至关重要。然而，纵观历史，海上运输安全常常受到地缘政治冲突、海盗行为等的威胁，导致海上关键节点受阻，进而影响国际贸易。当下，世界格局仍处在一个加快演变的进程之中，经济全球化、社会信息化极大地推动社会生产力，同时使得地缘冲突、恐怖冲突等问题愈加突出，对海上运输安全、全球供应链韧性发展提出前所未有的挑战。此时，建设新型国际关系，加大国际间的合作力度成为推动海上丝绸之路水运高质量发展的重要途径。

一是海上运输安全威胁长期存在，需要通过国际合作加以解决。长期以来，国与国之间存在利益纠纷，并因此引发地缘政治冲突，这将导致海上运输安全受到威胁。在中东，伊朗、伊拉克等波斯湾国家与美国、欧洲国家等就石油问题引发了长期冲突，各方对于海洋权益的竞争持续至今，这对海上原油贸易产生了极大的安全威胁。此外，在东北亚，20世纪90年代初出现的朝核问题也延续至今，这也使得朝鲜半岛附近海域出现危机的可能性继续存在。针对此类问题，迫切需要通过国际间的合作，加强国与国之间的沟通交流来缓解、改善各方的冲突，以合作的方式来达成共赢的局面。

二是百年未有之大变局下海上突发事件频发，需要加强国际合作提升应急能力。当前，亚太经济体逐渐崛起，国际环境愈发复杂多变，各国根据本国利益提出新的国家发展战略，在利益重叠的敏感区域存在国家间的利益竞争，这也使得部分地区摩擦、冲突发生概率急剧上升。海上突发事件的不确定性使得海上运输安全受到前所未有的威胁，而突发事件后的海上应急救援和运力恢复成为海上丝绸之路高质量发展的重要内容。由于全球海域十分广阔，国际贸易下船舶运行距离较远、运输时间较长，仅依靠一国之力无法做到及时的援助，需要通过国际合作，发挥海域邻国的优势，以最快速度、最短距离提供海上运输救助，提升应急能力。

三是海上通道网络的韧性需要国际合作协助发展。一方面，海上丝绸之路高质量发展推动经贸合作日益深化，沿线国家海上贸易量稳定增长，有韧性的海上通道网络成为海上丝绸之路发展的通道保障。但是由于部分海上关键通道被其邻近的国家所把控，因此需要与相关国家开展合作，在通道节点附近建设港口等来加强自身的话语权。另一方面，日益复杂多变的国际格局下突发事件频发，因此，有必要加强国际间的合作，通过发挥各国的优势，协助提升海上通道供应链的韧性。

四是海上丝绸之路水运碳达峰、碳中和的实现需要国际合作加快推进。全球气候变暖问题日趋严重，温室气体排放增加向地球家园发出环境之问、时代之问、人类之问。中国秉持人类命运共同体理念，贯彻落实《巴黎协定》，坚定提出"碳达峰""碳中和""2060"目标，积极成为全球生态文明建设的重要参与者、贡献者、引领者。而海上丝绸之路经过多年实践建设，已然迈向高质量发展新时代，绿色也已成为海上丝绸之路建设的高频词和关键词，因此，从本质上看海上丝绸之路高质量发展与碳达峰、碳中和息息相关。为了推动海上丝绸之路发展，碳达峰、碳中和目标实现，加快海上丝绸之路沿线国家间的绿色创新发展与合作成为重要推进器。沿线各国通过深化绿色战略对接，开展绿色技术合作、加强绿色贸易投资、开发绿色能源等，促进海上丝绸之路国家间的绿色对接、合作，有效推进海上丝绸之路水运碳达峰、碳中和实现。

第六章

21世纪海上丝绸之路水运高质量发展路径——保障总体安全

第一节 优化海上运输网络布局为总体安全提供骨架支撑

一、提升海上运输网络韧性

因海上运输网络运行不畅及运输成本上涨等问题的影响，国内不同地区之间物流中断事件及国与国之间船舶、港口等运行中出现停工等现象时有发生，海运物流供应链受到极大影响。提高海上运输网络弹性和韧性成为保障海上运输畅通、安全的关键因素。其中，韧性高的海上运输网络要兼具抵抗能力和恢复能力。一方面做到事前预防，即采取各种防御措施减小海上运输面临灾害时的损失，提升网络的抵抗能力；另一方面则是灾害发生后能有效利用外界资源快速恢复，达到初始的运作水平。

一是提升现有海上运输通道安全水平。从预警角度出发，健全海上通道安全合作治理法规体系，做好事前预防的机制准备。在全球性国际合作机制方面，现有机制主要是联合国及全球性、国际性组织制定的国际公约框架，包括《联合国海洋法公约》《制止危及海上航行安全非法行为公约》等，然而相关规定存在模糊性、不稳定性、不可操作性与不可预期性，影响沿线治理合作。在区域性的国际合作机制方面，包括区域性国际条约《亚洲打击海盗和武装劫船合作协定》及相关国家多边合作机制如中国—东盟非传统安全合作机制、中日韩三边合作机制等，但沿线国家存在参与的协定不全面、不同等问题。因此，海上丝绸之路沿线国家应积极参与有关国际、区域组织的合作，明确界定合作各方的资金来源、任务分配、制度规范、标准体系等，构建符合沿线各国普遍认同、符合客观实际与各方利益诉求的新的海上通道安全合作治理体系。此外，应强化海上运输通道安全保障力量。由于21世纪海上丝绸之路所经过的海上运输通道网络遍布全球各地，其安全保障无法仅靠一国之力完成，必须要以全球化的视野，统筹沿线国家一切可用资源，形成海上运输通道安全保障网。沿线国家间通过军事合作、政府合作、经济合作、社会组织合作等形式，合理规划所有资源要素，形成海上运输通道安全保障力量的综合布局。

二是加强国际合作，着力构建产业链供应链合作体系。提升海运物流供应链的韧性，需要各国相互深度合作，不断提高供给能力，并通过贸易实现互通有无，充分满足各领域的消费和需求。在国内，需要搭建与国际规则、惯例相衔接的航运政策制度，既要大力引进国际知名航运功能性机构企业，又要着手培育本土航运企业，促进航运要素高效流动，有效提升资源配置效率；在国际，国与国之间要通过建立全球产业链供应链应急管理机制和信息共享机制，携手畅通国际物流，共同维护全球产业链供应链安全稳定，畅通世界经济运行脉络。

三是开展替代通道、替代路线研究。在海上，少数的海上运输通道掌握着全球海上运输的命脉，这些狭窄通道的中断将会对海上物流供应链产生极大的影响，极大遏制海上丝绸之路高质量发展的推进。如苏伊士运河、直布罗陀海峡、曼德海峡及马六甲海峡一直是中国与中东、欧洲等地区海上贸易的重要咽喉。因此，在加强相应海运地区保障力量的同时，需要进一步考虑替代通道、替代路线的方案研究。在陆上替代方案方面，中国仍然需要继续发展三大亚欧大陆桥建设，进一步推动各国间的基础设施标准统一，发挥亚欧大陆桥作为海铁联运通道的作用。在海上替代通道方面，考虑北极航道作为亚欧海上通道的新选项。克服北极航道恶劣天气对海上运输的影响，大力发展船只的破冰功能，使之成为降低苏伊士运河对亚欧海上贸易掣肘的新方向。

二、重点发展海外关键港口

海外少数关键节点承载了全球多数货物贸易量，如中国70%的石油进出口贸易需要经过马六甲海峡，这也使得马六甲海峡成为中国石油的生命线。为了降低海上关键节点对海上丝绸之路海上运输贸易的影响，需要着重发展海外关键节点港口，提升中国对海上关键节点的控制力。

一是全局统筹优化海上运输关键节点分布。马六甲海峡是连接太平洋与印度洋的国际水道，也是亚洲与大洋洲的"十字路口"。中国约85%的石油依靠水路运输，其中绝大多数需要经过马六甲海峡，因此马六甲海峡亦是中国能源运输的海上生命线，一旦马六甲海峡通行受限，中国将面临严峻的能源危机。因此，统筹优化海上运输关键节点是一种必然要求。一方面，加快布局东南亚港口投资建设。如积极投资建设马来西亚皇京港和在马六甲海峡寻找新支点以保障能源运输安全。推动缅甸皎漂港建设，通过皎漂港作为中国从中东进口石油的中转通道，避免马六甲海峡对中国的钳制。另一方面，优化南亚航线港口布局。中国目前已在斯里兰卡、巴基斯坦等南亚国家投资建设了瓜达尔港、科伦坡港及汉班托塔港，为"一带一路"建设在印度洋区域的发展提供重要的运输节点。

二是加强海上运输关键节点武装保护。海上运输形式复杂多变，尤其是亚丁湾、新加坡海峡、索马里地区海盗盛行，海上运输受到严重的威胁。为进一步保护海上运输通道安全，中国政府需要加强相关海上运输节点的武装力量布局。通过加强巡航救助装备建设，提升自身武装保护能力。打造吨位大、续航距离远、速度快的高性能巡航救助船，并配备中远程无人机装备，提升有效搜救半径。布局海外救援保障基地，提高对海上关键节点的控制力。以中国投资建设的海外港口为依托，建成含驻泊点、补给点、应急救助点等多种功能的海上综合保障基地，并且加强与基地所在国家的合作，最大限度地得到当地国家的支持。

三是提升海外通信能力。由于海上关键节点一般位于远离中国领海的海域，船舶需要更好地获取相关海运信息，中国政府也需要加强海上关键节点的通信覆盖。对于船舶，积极提升船舶信息获取能力。中国应积极推广自助研发的北斗系统，充分发挥其定位、导航、授时和短报文功能，实现船舶动态全球自主获取。对于海外关键节点，强化全球通信保障能力。通过卫星通信系统和海岸电台高频电路来实现海上关键节点的通信覆盖。

三、提升海上运输网络服务效能

在国际环境日益复杂的时代下，海运业受到来自传统安全和非传统安全叠加交织下的威胁，这将给港口、物流运输等生产活动带来巨大挑战。因此，有必要进一步提升海上运输网络服务效能，增强海上运输抗风险能力，保障海上运输安全。

一是推动航运新型基础设施布局，营造数字化航运网络新环境。将物联网、大数据、云计算等新型技术应用于航运业，建立航运互联网、电子政务外网等综合信息服务平台、业务协同平台等应用系统，形成统一的航运信息链。这些技既可以促进航运企业与同行业不同部门及不同行业间的互联互通，提高业务协同、港口作业、港口物流的效率，又可以促进航运管理部门、政府监管部门的航运数据实时联通，实现全过程、全链条的动态监控及可视化管理。此外，创立航运大数据中心、科创聚集区等新型基础设施，推动"产学研用"一体化发展创新平台，为航运新型基础设施布局提供创新发展的环境。

二是推动航运服务业转型升级。海上运输网络的优化布局既需要航道开发、船舶建造等"硬实力"的支撑，也需要航运服务业"软实力"的保障。首先要完善航运政策法规。政府方面加大对现代航运服务企业的扶持力度，积极引进国际知名航运服务机构，成立中国分支，通过航运服务业集聚区的发展，打造良好的航运服务环境。同时鼓励国内仲裁、信息服务等机构拓展航运领域业务，促进本地航运金融、保险等服务企业与国际知名航运机构的中国分支合作学习，学习成熟的业务经验。其次要优化航运服务市场监管体系。随着国家简政放权制度不断推进，航运服务行业诸多事项逐渐放开。传统的严格审批模式发生转变，取而代之的更加合理的事中、事后监管方式使得航运服务业市场愈加开放。此外，政府应积极确立航运服务市场的行为规范和服务标准，对于航运市场做到有效的约束，形成良性发展循环。

四、重点保障战略物资运输通道安全

战略物资是指对一个国家的国计民生和国防具有重要意义的物质资料，包括矿产资源、粮食等。其中，大宗战略物资是进口量比较大，一般进入非零售流通环节的用于工农业生产和消费的战略物资，于中国而言石油、粮食、铁矿石均属于大宗战略物资。大宗战略物资是一个国家政治稳定、经济持续发展的必要保障，具有重要的战略意义。因此针对大宗战略物资的海上运输安全保障需要尤其重视。

一是保障大宗战略物资运输路线多元化。以石油运输路线为例，中国大部分石油运输都要绕经印度通过马六甲海峡，一旦马六甲海峡通行受阻，将严重影响中国的战略物资供给。因此，保障中国战略物资运输路线多元化，降低单一运输通道对中国战略物资的掣肘成为必然趋势。强化海外关键节点布局，拓展海外港口衔接节点，推动中国在巴基斯坦瓜达尔港的建设，利用巴基斯坦的地理位置，避开马六甲海峡，直接打开中国经巴基斯坦通向波斯湾和阿拉伯海的大门。此外，拓展陆上运输通道。推动中俄原油管道建设，合理利用从俄罗斯进口能源距离短、成本低的优势，将其作为能源物资进口的渠道之一。

二是布点大宗战略物资储备基地。由于大宗战略物资具有应急性特征，在保障其运输安全的同时也要加大战略物资的储备能力、储备规模，统筹好"天下粮仓"和"大国储备"的制度安排。进一步推动综合性国家储备基地建设，合理布点大宗战略物资储备基地，扩大战略物资储备规模。此外，进一步完善战略物资储备制度，回答从"储什么""谁来储""怎么储"到"如何用"全过程战略物资储备问题，增强国家战略物资储备的综合实力。

第二节 发展海外运输能力为总体安全运行提高保障

一、优化海运船队规模结构

克拉克森数据显示，截至2021年年底，中国船队运力占全球船队总运力的15%（图6-1），居全球第二，散货船、集装箱船总运力居全球第一，分别占全球的21%、15%。经过长期发展，中国海运船队控制运力规模由2010年的世界第四升至2021年的世界第二，海运船队不断朝着大型化、专业化、船龄结构合理化方向发展，并取得阶段性成效，为海外运输安全运行提供了保障。在海运发展新形势下，中国海上运输船队应朝着商业、国防安全、经济安全三大功能方向发展，进一步优化海运船队规模结构。

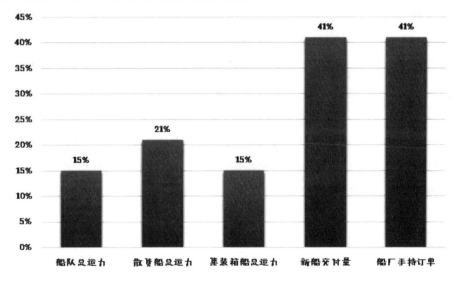

图6-1 2021年中国船队规模占全球比重

（数据来源：克拉克森）

（一）商业船队建设争取国际海运市场主导权

所谓商业船队是指用于旅客、货物运输的各类船舶，是海上贸易日常中需求最多的一种船队。一般而言，商业船队是以参与国际海运市场竞争为目标，通过提高船队运营效率、扩大海上贸易的运输供给来保障海上运输供应链的安全运行。因此，针对商业船队建设，政府需要营造一个开放、公平的竞争环境，包括加强与国际海运船队标准的衔接、制定技术进步政策、加大船运企业的经济扶持力度、完善海运人才培养体系、激励企业创新海运服务等，使航运企业掌握足够多的自主可控的海上运输运力，从海运供给侧为海上丝绸之路高质量发展提供安全保障。

（二）国防安全船队建设保障海上战略物资运输安全

从用途上而言，国家安全船队兼顾一般商业运输和国家特殊海上战略物资运输；从技术上而言，国家安全船队虽然规模不大，但装备精良、功能完善，配有先进的电子、通信与信息设备及优秀的专业操作人员。在当前地缘政治冲突激烈、海上运输同时受到传统安全威胁和非传统安全威胁的情况下，建设专业化、现代化的国防安全船队有利于中国应对复杂多变的国际形势，增强海上丝绸之路通道网络的韧性，保障中国海上战略投送需求。针对国防安全船队建设，一方面推动船队规划和标准的制定，对于船型、数量、性能、建造企业、海员资质、信息安全等做出详细、严谨方案；另一方面政府需要增加船队建设资金及经济补贴，包括船队运营、训练和执行任务增加的支出，兼顾航运企业经营效益与国家海上战略物资运输安全需求。

（三）经济安全船队建设提升海运市场经济安全

在地缘政治冲突、国际突发事件等不确定因素的作用下，海上丝绸之路沿线各国将面临海上运输的不可得性或不经济性。为了更好地保障国家经济安全，有效避免寡头企业对中国海上贸易的经济掣肘，推动海上丝绸之路高质量发展，政府应引导形成专业化、规模化，且可有效控制的经济安全船队。首先调动海运业全要素，提高海运控制权。政府部门要提升中国产业链完整性，调动贸易、金融、运输等各要素协同发展，提升中国海上运输权益。其次培育集装箱全球承运人。目前集装箱班轮市场仍属于寡头垄断市场，中国应培养本国的集装箱全球承运人，坚决反对垄断经营行为，提高自身海运供应链的控制力和全球网络化服务水平，发展高质量的航运企业。最后强化"走出去"发展战略。鼓励中国海运企业走出去，加强与国外企业的联系、合作，推动中国海运服务业国际化，进一步提升中国船队在海外的运输能力。

二、提升海运企业国际竞争力

海运企业国际竞争力是指各海运企业在世界经济大环境下，相互竞争，创造增加值和企业财富持续增长的能力。海运企业国际竞争力是海运企业海上运输能力的一种体现，竞争力的提升有利于获得更多的货物运输市场份额，增加企业的营业收入，同时也会进一步提升海运企业的海上运输能力。

一是拓展海外经营网络。中国海运企业要想提升国际竞争力，需要进一步实施跨国经营的战略方向，提高企业国际化程度，推动海外经营网络进一步扩大、完善。在网络建设上，首先要建立与海外公司的区域控股管理体制，通过股权收购等手段整合、重组海外资产，明确海运企业对海外控股公司的投资管理关系。其次加快海外空白网点的区域控股公司或境外代理公司建设，优先采取合资形式创立海外代理公司。最后加快与当地企业、员工合作，充分利用本土优势来快速开拓市场业务，通过与区域企业合作经营站稳脚跟，迅速形成海外经营服务网点。

二是完善全球海运航线网络。首先要以码头为支点，加快全球航线网络布局。以中远海运为例，截至2021年末，中远海运港口在全球37个港口投资了46个码头，全球经营367个泊位。为推进21世纪海上丝绸之路高质量发展，需要进一步完善全球海运干线网络，加大沿线口岸的投资建设，推动21世纪海上丝绸之路口岸的全覆盖。其次要加快北极航道的商业化利用和常态化运行。北极航道作为连接亚欧大陆的重要海上运输通道，不但能够降低苏伊士运河对亚欧大陆海上贸易的掣肘，而且对于东亚国家而言其具有运距短、运输成本低的巨大优势。最后进一步是提高第三国航线规模。海上第三国运输是指海运企业承担除本国以外的其他两国或地区之间的贸易货物运输模式。海运企业需要积极开辟第三国航线，拓展海上第三国运输市场，提升海运企业国际竞争力。

三是增强海运话语权和定价权。一方面，中国海运企业国际竞争力需要强大软实力支撑，主要体现在海事仲裁、航运保险和保赔、中介服务、船舶经济、航运金融及衍生产品、航海心理学等领域。随着中国海运实力提升，需要进一步提升中国海运话语权，从熟悉国际海运游戏规则，到参与行业规则制定，再到成为海运国际规则和标准制定的主导方之一。另一方面，目前中国造船企业仍处于粗放的靠规模赚钱状态，缺乏如欧洲马士基、地中海航运等通过操纵船型、引领船型来控制航运市场走向的企业。因此，中国需要打造属于自己的航运产业链，在国际市场上获得更大的定价权。

三、提升海外应急物流能力

（一）加大海外仓建设推进力度，创构全球供应链

社会要素的流通离不开现代物流体系的建设，通过加大海外仓建设推进力度、创构全球供应链，将有效推进现代物流体系建设，促进国内、国际循环相互交织。国务院办公厅印发《国务院办公厅关于推进对外贸易创新发展的实施意见》，表示要支持建设一批海外仓。所谓海外仓就是跨境电商在国外的物流仓库，其是海外物流的重要境外节点，是新型的外贸基础设施，也是带动外贸高质量发展的重要平台。海外仓在畅通稳定全球外贸产业链、供应链方面发挥了调节器、缓冲器的作用。具体而言，海外仓以空间换时间，通过提前备货，可平滑生产、配送周期，规避突发风险。当下，通过发挥海外仓带动作用，进而完善中国全球物流供应链、提升海外物流运输能力仍是重要手段。对于大型物流企业，其具备雄厚实力、充裕资金，且自身拥有完善的物流供应链或大型平台。因此，通过自建海外仓，控制整个海内外物流供应链，可以实现企业利益最大化。对于中小型企业，需要规避前期建/租仓的大量的资金投入，可选择与第三方海外仓合作，享受到海外仓优势，同时也能减少跨国经营管理的若干

问题。

（二）组建战略物资运输应急力量，保障战略物资供应链稳定

战略物资是一国发展的重要资源，关乎国计民生和国防事业。由于其难以迅速补充和不可替代性，一旦发生战争、经济制裁、资源枯竭等事件，将危及国民经济、影响普通人生活甚至引发社会动荡。由于中国人口众多、发展迅速，对于重要资源的需求逐渐增多，如天然橡胶、石油等战略物资对外依存度在惊人的70%以上，且大部分的战略物资供给都有赖于海上运输方式。因此，保障海外战略物资运输安全，提升战略物资运输应急能力，强化战略物资供应链稳定性成为当下急需解决的任务。

一是完善战略物资运输安全的预警与应急管理。鉴于战略物资对于中国的重要性，建立事前预防和事后应急机制成为关键。做好将风险关口前移工作，率先构建战略物资应急智慧组织与协调联动机制，分别从制度、数据、决策、操作四个方面考虑，建立统一的战略物资安全运输预警与应急管理体系，并且在编制完成应急对策预案之后进一步开展组织演练工作。

二是建设海上通道安全保障基地。中国战略物资海上运输通道多位于中国管辖海域之外，应重视海外保障基地的布局和建设，以最短距离、最快时间提供海外战略物资运输应急支援。具体而言，通过租借、投资、入股等经济手段获得中国战略物资海上运输关键通道沿岸的重要港口控制权，与沿岸国家进行进一步合作，发展海上通道安全保障基地。海上通道安全保障基地选址重点关注关键通道如运河、海峡附近的港口，21世纪海上丝绸之路沿线国家港口及中国主要贸易国港口，可采取商用、军用综合等方式，将其发展为中国海外战略物资通道安全保障基地。

三是提高海军远洋投送能力。除却应急体系、安全保障基地外，战略物资运输安全仍然需要提升中国远距离支援能力。以太平洋、印度洋作为重点海域，提升海军的远程投送能力和补给能力，建设远洋综合补给船舶、多功能大吨位舰艇，提升远洋护航能力。此外，通过合理规划国家安全船队，提供应急物资即时运力，推动大型航运国企与国防部共同经营，强化国家安全船队的商

业、国防双重属性。

（三）构建智慧供应链信息服务新平台，加强应急信息处理能力

新型冠状病毒感染全球暴发后，不仅给中国物流环境、物流内容等带来新的变化，也凸显了海外应急物流的供需落差，从而对中国的海外物流应急投送能力提出新的要求。结合物联网和互联网国际发展趋势，构建智慧供应链信息服务新平台，进一步加强海外应急投送能力。

一是强化海外物流供应环节的数智化管理。对于中国海外仓而言，通过大数据、物联网、5G等新型手段分析整理数字资源，整合海外数字资产，形成海外资源数据库，实现数字化资源管理，有效提高供应链信息对接效率，为智慧供应链跨境服务信息平台建设奠定基础。

二是打造信息开放共享服务模块。推动中国海外仓形成的海外资源数据库与政府机构、行业管理部门、物流运输企业共享，不但有利于将资源、技术及数据进行有效配置，而且能够突破多元主体间因距离产生的沟通障碍，便于与国内应急管理部门的信息交流，从而有效提升配送体系的能力和效率。

三是构成"一体化"平台运营新模式。中国政府部门提供海外物流供应链运作的军事力量保障，本土金融机构、银行提供海外物流供应链运作的资金保障，本国跨国物流企业提供海外物流供应链运作的服务运营保障，构建智能化集约管理模式和内控制度，形成一体化的平台运营模式，兼顾全球商业物流和海外应急物流的功能。

第七章

21世纪海上丝绸之路水运高质量发展路径——深化设施联通

第一节 积极参与沿线港口建设，形成港—航—城—贸一体化发展

21世纪海上丝绸之路的高质量发展关乎"一带一路"的整体进程。推动"一带一路"倡议的实施，首先是要实现互联互通，互联互通是深化这项务实合作的目的和关键。因此，在实施"一带一路"倡议中，必须把水运基础设施放在先行位置；而港口是21世纪海上丝绸之路的起点和支点，在设施连通中，港口的作用不可替代，需要以港口为核心，充分发挥港—城—航—货链接的闭环优势。港—城—航—货一体化，主要是指航运、临港产业、货物物流等以港口为中心的环节紧密结合，建立较好的合作关系，企业需根据国家"一带一路"倡议的规划方向和发展目标，打造自己的区域性枢纽港和中转港，在不同领域发挥各自优势，寻求更多走出去的机会，加强港口多方联动，实现共赢。在"一带一路"倡议背景下，追求21世纪海上丝绸之路水运高质量发展，港口运营不能仅仅局限于港口，航运企业也不能仅仅局限于航运，要打破传统界限，向更宽、更广的产业链领域拓展，同时也要具备新的发展理念和新的发展视野。

一、积极参与沿线港口建设

鼓励企业积极参与国际港口建设。21世纪海上丝绸之路的主要通道分为向东、向南两个方向。东向通道从中国经日、韩向东跨越太平洋，抵达北美洲和南美洲；向南通道在穿越南海后分为两支，一支向西经东南亚、南亚穿越印度洋至非洲和欧洲，该通道沿线国家主要以发展中国家为主；另一支经东南亚继续向南抵达大洋洲，主要途径东南亚地区、大洋洲地区，这条通道经历的岛国较多，除澳大利亚和新西兰外，其余太平洋岛国经济较为落后，对国外援助有着较强的依赖关系。"冰上丝绸之路"建设对中国经济发展意义重大，临近俄罗斯的东北航线，是中国许多地区到达欧洲的最短航线，从中国上海以北的港口前往欧洲西部、北极海、波罗的海等港口，比传统航线航程缩短25%~55%；对于俄罗斯而言，其也有利益诉求，因此俄罗斯提出与"一带一路"倡议对接，共建"冰上丝绸之路"使中俄互利共赢，俄罗斯十分了解北极海陆资源和自然环境特点，而中国拥有强大的建设和投资能力。2014年，吉林省政府、招商局集团与俄罗斯最大的港口运营商签订了合作建设扎鲁比诺港的框架协议，计划将其扩建成年吞吐量近6 000万吨的东北亚第一大港，同时该港也将成为通过北极东北航道与欧洲通航通商的重要节点，将带动远东地区北冰洋沿线支点港口开发。自"一带一路"倡议提出以来，中国企业投资参与建设经营了一系列沿线港口，例如招商局港口投资的斯里兰卡科伦坡港和汉班托塔港、红海出入口的吉布提港；中远海运投资的比利时泽布吕赫港和安特卫普港、荷兰鹿特丹港及控股的希腊比雷埃夫斯港等；上港集团成功中标以色列海法新港25年的码头经营权项目；北部湾港集团投资的马来西亚关丹港和文莱摩拉港等；中信集团与缅甸合作的皎漂港；2015年，山东岚桥集团以人民币25.46亿元租赁澳大利亚达尔文港99年，为中国海运通往澳大利亚、印度洋、南太平洋提供了有力的中转保障。借助"一带一路"发展机遇，中国港口企业纷纷走出去，积极参与沿线国家的港口基础设施建设，加强国际海运合作。中国也不断通过组建港口联盟、签署港口合作备忘录等形式加强沿线国家港口合作，推进海上互联互通，支持中国企业以多种方式参与沿线港口的建设和运营。

强化多方联盟，合作参与港口建设。"一带一路"建设涉及众多基础设施等领域的项目，其所需资金量大，建设周期长，投资运营操作烦琐，这就迫切需要构建集金融机构、工程建设企业、港航企业、制造业企业等多方为一体的合作平台，加强机构间的密切合作，在项目微观层面形成商业共同体，在项目规划、建设、运营等各环节发挥各自优势。中国在基础设施建设领域全球知名的承包商中交集团，主要承担港口部分海外建设和维护工作；法国公司在港口运营方面经验丰富，战略目标清晰，产业链比较完整，物流业和港口运营互为依托，并且愿意围绕港口加大相应基础设施建设投资；中远海运有遍布全球的航线网络和服务；代表中国政府负责对外投资的中国进出口银行可提供优惠贷款，丝路基金和亚投行也对港口建设提供资金支持。各机构加强彼此间的合作，创造更多的利益，实现多赢。例如，中国港湾联合法国博洛雷集团和法国达飞海运集团组成商业体共同运营喀麦隆克里比深水港集装箱泊位，该项目的建设和运营，由中国进出口银行提供优惠贷款，既发挥了中国港湾在港口建设和维护方面的专长，又充分结合了法国博洛雷公司在港口运营、水陆物流方面的优势和法国达飞公司在航线及船货资源方面的优势。此外，中企在投资海外港口项目时，选择东道国及第三方作为合作伙伴共同投资，联合多方共同成立合资公司，以股权合作方式一起负责项目开发与运营，形成优势互补、协同发展模式。一起参与规划、建设、运营可以使中国企业高效、快速地摸清东道国市场运行规则、相关政策要求，有利于前期推动考察、投资审批、项目落地、优惠政策申请，也有利于获得当地市场的认可，更好地开展后续的经营发展，还可以有效避免因中方企业对当地环保、劳资、法律法规不熟悉而引起的不必要风险和舆论口实，促进项目顺利推进。

二、加快港航一体化发展

希腊比雷埃夫斯港是港航一体化发展的成功案例。中远海运比雷埃夫斯集装箱码头有限公司是中远海运在海外的第一家大型全资集装箱码头项目。从2008年获得相关码头特许经营权，到2016年完成比港的收购，中远海运集团获得比雷埃夫斯港务局的全面经营权,包括目前的集装箱码头、邮轮码头、渡轮码头、汽车码头、仓储物流、修船造船在内的六大板块经营业务。以比港码头为节点,中远海运借助其在航线、技术、管理等方面的优势,强化比港的枢纽地位,将亚洲运往欧洲的较大一部分货物调至比港中转,使其投资运营的港口码头与其海运运力形成闭环合作,比传统的海运路径减少7~11天的交货期。这使得比港集装箱吞吐量成倍增长,海运连接度指数大幅提升,港航合作也带动了其他产业和腹地经济的快速发展。中远海运比港项目不仅被视为中国和希腊合作的成功典范,还成为"一带一路"合作的重要支点,为中国深入推进"一带一路"建设、切实加强中欧互联互通积累了极为宝贵的实践经验。

以航线船舶为纽带,以港口投资为支点,深化高质量互联互通。全球经济一体化的发展和"一带一路"倡议的提出,为港口和航运企业带来了前所未有的发展契机。在突发情况冲击下,一个港口关闭会影响整个产业链的发展,因此港航物流一体化的构建是十分必要的,港航物流一体可以有效防止物流链中断及变化波动。对于航运企业而言,港口是供应链物流的关键节点,通过投资运营码头,可以从中获利,并对码头有控制权和优先使用权,有利于在竞争中提供更稳定的服务;对于港口企业而言,与其合作的航运企业会努力争取货源,形成利益共同体。港航企业通过参与供应链物流合作,保证运输链、物流链不受中断;港、航、货一体化使港航企业不再作为一个单独的节点独自运营,而是通过某种形式分工合作,实现双赢。需要进一步围绕互联互通,以船舶为纽带,以港口投资为支点,以综合物流为支撑,持续深化航线、港口及综合物流领域的投资和布局,积极围绕海上丝绸之路沿线国家和地区,加强物流、仓储等基础设施的投资和建设,深入发展港航投资运营一体化模式。

三、促进港产城一体化发展

科伦坡港是港产城一体化发展的成功经验。科伦坡港口城由中交集团全资子公司中国港湾与斯里兰卡国家港务局共同开发,总投资额约13.96亿美元。中国港湾负责投融资、建设、规划、施工和运营,包括港口码头及配套设施与后方腹地园区,并获得部分商业土地99年租赁权作为回报;主要融资方为中国国家开发银行，融资占比70%。斯里兰卡政府负责提供项目所在地海域权项目施工和环境许可证的办理、规划批文，以及外围基础设施的配套工作等。在港口建设上，港口城项目紧邻南亚唯一的深水码头——科伦坡南集装箱码头，依托港口加快金融业发展，为码头和航运发展提供支持。据斯里兰卡港务局统计，2021年科伦坡港集装箱吞吐量达725万标箱，较2020年增长5.8%。在园区建设上，重点推进国际金融中心综合体等项目，项目公司与斯里兰卡政府共同研究运营方案，推动配套项目落地。中交集团协助联系世界知名投资商到港口城内投资置业，同时也大力吸引外国投资参与港区建设、发展临港产业。科伦坡港口城将成为南亚地区集金融、旅游、物流、IT等为一体的高端城市综合体，通过港口和园区的发展，中斯两国将把科伦坡港口城打造成为区域航运中心、金融中心和商贸中心。此外，中国港湾还将投资建设一条隧道，隧道建成后，可有效缓解交通拥堵状况。依托腹地的交通和产业，促进港产城一体化发展。

以港产城一体化发展实现高质量互联互通。"建港兴城，港城相长，衰荣共济"，这是世界范围内港口城市发展演变的普遍规律，临港产业和城市发展是港口成功的重要因素。"港"是产业和城市发展的基石，"城"是港口和产业发展的依托。以港聚产、以产兴城、以城促港，强化港口对产业发展的带动、产业对港口发展的支撑，不断提升港口能级，进而促进港产联动，实现港产城深度融合发展。港口对产业的发展具有拉动作用，港口各区域的分布应当充分考虑产业与功能的合理布局，各个港口的功能需要基于其欲发展的商品贸易进行专业化的功能划分及建设。临港产业及物流业要依托港口优先发展；以港口优势引进临港特色产业，借助"一带一路"建设机遇，积极引进高质量项目，加强产业链招商，加强与相关企业合作提升港口与产业关联度；充分发挥港口的地理优势、资源优势和区域协同作用，促进产业结构优化，进而提升港口和城市的竞争力，实现港口与产业的可持续发展。同时，产业的发展对港口也有支撑作用，大力发展临港产业，在港口周边开发临港物流园区或工业基地，园区应着重发展依赖和支撑港口发展的相关产业，如集装箱堆存、货代等相关产业；并制定有利于产业项目落地的优惠政策，构建以港口企业为龙头、临港物流园区为基地的发展模式，以港口带动临港产业，以临港产业支撑港口发展，形成港产城融合发展的合力。因此沿线港口基础设施的建设及港口运营，可以直接带动该港口后方物流园区的建设和发展，吸引大批企业到物流园投资设厂，促进大量工业和商业项目落地。物流园区的建设又可以直接带动整个城市基础设施和工业发展，提高和稳定就业率，并带动金融等其他相关配套行业的协同发展，带动经济快速增长，促进港产城一体化发展，实现港口城市和国家经济实力的整体提高，使海上大通道更加畅通。

第二节　积极参与沿线港口经营，形成世界级港口运营商

据联合国贸易和发展会议统计数据显示，全球80%的货物通过海运贸易实现。近年来，在共建"一带一路"推动下，21世纪海上丝绸之路沿线国家积极加强海上互联互通，深化港口合作。当前，中国与海外港口存在着密切的联系与合作，虽然中国与海上丝绸之路沿线国家在经济、水运基础设施合作领域成绩显著，但由于港口的战略地位和作用，中国在海外拥有完全经营控股的港口数量较少，需要围绕港口经营，培育世界级港口运营商，深化高质量发展。

一、优化海外港口经营布局

海外港口经营布局需要着重覆盖21世纪海上丝绸之路沿线重点区域。中国自2001年以来，在海外港口的投资开始稳步增长：2009年在4万亿元投资计划的刺激下，海外港口投资发展迅速，中国开始大规模的基础设施建设；2013年由于"一带一路"倡议，中国围绕沿线国家地区开展大规模的港口投资，呈现明显的聚集效应；2017年以后，海外港口投资经营进一步发展，国际基础设施产能合作发展机制更加成熟，港口股权的跨国并购更加活跃，中国在海外港口经营的范围有所扩大，海外港口的全球布局趋于完善。从中国在海外投资港口区域分布来看，西北欧地区是中国进入欧洲的门户，是中国重要的经贸往来对象、商品进出口的重要区域，也是扼守英吉利海峡等战略要冲；地中海沿线地区是21世纪海上丝绸之路的必经之路，在全球航运市场中也占据重要地位，因

此中国企业在该地区的海外港口经营投资数量不断提高；在这两个区域中国参与建设运营的港口码头主要有希腊的比雷埃夫斯港、比利时的安特卫普港和泽布吕赫港、荷兰的鹿特丹港 Euromax 码头。非洲地区是中国经贸发展的重点潜力区域，中国最早对非洲港口投资经营的多为国家援助，主要集中在几内亚湾及其周边地区；在非洲地区中国参与的相关国家港口工程建设比较多，投资建设并运营的码头不多，招商局集团参与投资运营的在西非有 2 个，在东非有 1 个。东南亚和南亚地区是中国经贸发展的重要地区，是全球石油进出口的关键地区，马六甲海峡是中国海上运输的咽喉，直接影响中国战略物资的海上运输，因此中国在该地区投资经营海外港口来保障中国的石油运输和通道安全。在该区域中国参与投资建设运营的港口主要包括新加坡的中远—新港码头、斯里兰卡的科伦坡港和汉班托塔港、缅甸的皎漂港和巴基斯坦的瓜达尔港等。

海外港口经营布局要实现全球六大洲全覆盖，有效应对当前国际贸易形势。当前，中国在海外港口经营投资的主力是港航企业和码头运营商，他们注重全球码头网络的构建，并致力于提高全球航运资源的支配能力，因此在海外港口经营上会更倾向于提高海上战略要冲和全球航区重要门户的覆盖程度，对于其他地方港口布局略有欠缺。未来，中国需持续完善海外港口布局，重视在美洲及非洲新兴市场的港口布局业务拓展及"一带一路"沿线的布点。港航企业和各大码头运营商也要继续秉持"内整合，外扩张"的发展理念，不断加快海外码头投资步伐。与此同时，中国港航企业和码头运营商也需继续推进欧洲、中南美、东南亚等地区的项目，其中欧洲及地中海地区枢纽港是海外布局的重点，同时关注非洲的投资机会。在选择投资海外港口码头时，尤其注重控制权和有助提升股东回报的要求及对整体码头网络布局带来的价值。以中远海运为例，在欧洲地区，由于东西航线是中远海运及其所属海洋联盟的主干航线，沿线投资经营的港口可以直接服务于中国企业及联盟所属船队，对航运业发展起到支撑作用，因此中远海运布局的港口将主要是围绕欧地航线。

积极扩大海运有效投资，加大政策储备力度。把联网、强链、升级、智能化作为建设重点，着力完善海运基础设施网络，补短板、强弱项。使水运基础设施具备适当超前能力，借鉴过去的经验，积极应对，抓住机遇进一步加大水运基础设施投资力度，强化顶层设计，积极发挥水运投资稳定器的作用，发挥基础设施投资和基建项目对极端事件的风险对冲作用；稳定并拓宽筹融资渠道，努力破解当前融资困境，俄乌冲突等事件的发生，加剧了水运基础设施项目中断的风险，国际资本避险情绪上升，这在一定程度上影响了基础设施项目融资的正常运作。

二、培育世界级港口运营商

吸收世界级港口运营商的发展经验。全球码头运营商主要有三类：第一类是传统专业码头运营商，如新加坡国际港务集团（PSA）、和记港口集团有限公司（简称和记港口）、迪拜环球港务集团、招商局国际等；第二类是航运企业旗下码头运营商，如 AP 穆勒码头、中远海运；第三类是基于门户港的码头运营商，如上海国际港务集团、天津港集团、烟台港集团等。当今世界级港口运营商主要有 AP 穆勒码头、新加坡国际港务集团、迪拜环球港务集团、和记港口、菲律宾国际集装箱码头公司（ICTSI）和中远海运等，他们的业务几乎遍布全球。新加坡国际港务集团的业务集中于亚洲和欧洲，曾打造欧亚双母港，在非母港区域投资参股；迪拜环球港务集团在新兴市场与发达地区全面拓展，地理覆盖范围最广，在亚洲太平洋及印度洋，欧洲、北非及中东地区，美洲及大洋洲均有布点，同时也关注具有腹地货源的港口；AP 穆勒码头则与航运紧密互动，多以参股达到影响码头的效果，并不追求控股权，其投资的码头主要分布在亚洲、非洲和中东，以及欧洲、美洲区域；和记港口网络覆盖广泛、服务多元化，码头业务遍布亚太、中东、非洲、欧洲和美洲等多个国家和地区；菲律宾国际集装箱码头公司在全世界多个国家都拥有港口，重点是发展中国家的门户港，其在非洲的市场占有率一直在增长；中远海运则沿其航线投资布局，不断强化"一带一路"沿线港口码头布局。全球码头运营商中传统专业码头运营商均有自己的母港，其追求控股权和经营权；而航运企业旗下码头运营商则追随航线布局，其力图通过参股达到影响码头的效果。

支持培育形成世界级港口运营商。中国的招商局集团和中远海运等港口运营商相比其他世界级港口运营商起步较晚，虽然竞争实力不断提升，在全球码头运营商的排名中也不断提升，但距离成为真正意义上的世界级港口运营商还有一定差距。鉴于各种突发事件的影响，经济发展充满不确定性，因此有必要扶持中国招商局集团和中远海运这两大主要全球码头运营商形成世界级港口运营商。首先重视母港的发展和壮大。纵观全球码头运营商，其均重视本土母港的发展，母港经营成绩卓越，例如和记港口、新加坡国际港务集团、迪拜环球港务集团等。以香港国际集装箱码头为母港的和记港口，凭借香港的区位优势发展壮大，其吞吐量在和记黄埔的全球码头网络中排名前列；作为新加坡国际港务集团母港的新加坡港则依托其在国际集装箱中转运输上的优势，发展壮大自己，同时还发挥新加坡港在提供增值服务方面的优势，使新加坡国际港务集团业务蒸蒸日上；招商局集团需要继续以港口业务为核心，深化与船公司的合作，加强业务协同，发挥港区联动优势，努力把位于斯里兰卡的海外母港科伦坡国际集装箱码头打造成国际集装箱枢纽港，把汉班托塔港打造成区域综合性大港，提升码头运营效率与效益，提升海外港口地位，为招商局集团成为世界级港口运营商奠定基础。其次，提升现有码头基础设施水平、提升部分地区码头服务能级。在当下经济大环境下，全球码头运营商如菲律宾国际集装箱码头公司进行提升码头的服务能级并对基础设施进行升级，包括刚果的码头扩建升级、与厄瓜多尔州签署投资合同、增持 ICTSI DR Congo10% 的股权；新加坡国际港务集团对旗下哈里法克斯港深水泊位扩建，完善码头基础设施建设，提高作业效率；和记港口推进码头扩张和基础设施建设升级，包括盐田港泊位新建、配套设施升级；AP穆勒码头更青睐于码头设施的扩建与港口的智慧升级，制定格鲁吉亚波蒂港扩建计划，并在2020年先后推出多个智慧项目。中国两大码头运营商应主动调整策略，对码头进行改造升级，提高码头的现代化和专业化运营能力，同时也应致力于与旗下航运企业合作，加密已投资码头的航线开辟，保障港口吞吐量。如中远海运对比港的一号码头进行升级改造，还主动调整港口施工保养计划，推进设备保养和基础设施修理等，为今后生产夯实基础，有助于比港提升码头竞争力。最后，需要给予政策支持。中国码头运营商也需在承载国家战略的同时适当介入其他区位码头投资，并加强在码头运营上的话语权。中国码头运营商一般选择双边关系友好或者有望改善的国家进行投资；或者结合21世纪海上丝绸之路倡议，选择具有国际产能合作空间或战略支点的国家进行布局，这些国家多为发展中国家，但为了完善全球物流网络，提高码头运营商竞争力，也需适当介入发达国家的码头发展。与此同时，中国这两大全球码头运营商也要积极提升以控股模式投资码头的比例，加强在码头运营上的话语权；注重增加码头资产的长期持有，加强既有码头升级和战略合作，提升港口价值，延伸港口业务，提高海外港口码头的地位。

三、创新海外港口经营模式

从中国现有企业在海外投资港口经营的情况归纳分析来看，目前中国企业在海外港口经营模式中主要呈现三大特征：一是基础设施项目承建模式，即承建港口码头及配套设施与后方腹地园区，如埃及塞得港、斯里兰卡科伦坡港口城等；二是港口股权收购模式，即同港务局、港口运营企业签订股权转让协议，如比利时安特卫普港、斯里兰卡汉班托塔港等；三是港口经营权获取模式，即港口特许经营权、港口租赁、港口土地所有权和使用权转让，如希腊比雷埃夫斯港、巴基斯坦瓜达尔港等。随着海外港口项目合作经验的提升，中资企业参与海外港口项目的策略也在不断变化，从以往参股向要求控股转变，从参与建设向参与运营转变。在发展过程中，三类模式并不是彼此孤立的，经常出现随着基础设施承建的完成进一步获得经营权的转让，总体呈现不同模式融合演进的特征。

由于港口企业海外投资项目建设周期长、风险大，影响因素较多，往往面临合作国国内政治环境变化及地区和世界局势不稳定所带来的问题，因此有必要创新海外港口经营模式。推动中资海外港口投资运营资源进一步融合发展，整合中远海运、招商局集团等主要央企和民营资本在海外港口投资经营的优势，形成更大主体和更强合力。设立层级较高的海外港口重大项目管理机构，并赋予其行使海外投资监管职能，负责制定海外港口项目直接投资政策和战略规划，对海外港口项目进行统一领导、管理和协调，确保这些项目在建成之后能够达到战略布局的预期效果，避免同一路线的不同项目之间发生内部竞争，形成统一对外的中国港口投资主体，加强中国在海外港口的经营主导权。

四、鼓励国内港口企业走出去发展

中国港口运营商主要有两大类：第一大类是主要在全球范围内布局码头的全球码头运营商，如中远海运和招商局集团，他们相对其他全球码头运营商起步较晚，但近几年扩张速度很快；第二大类是门户型码头运营商，中国大多数港口企业均属于门户型码头运营商，且往往都具有国资背景。而随着门户型码头运营商的一体化整合，国内的码头运营商类型也有差别，一类是以上港集团、广州港集团等为代表的传统码头运营商，他们以经营某一港口为主营业务，但也通过投资的方式，投资部分国内其他港口，这种投资往往多以服务于其母港业务为目的；还有一类，即是以省国有资产整合后形成的省级港口投资运营集团，这类港口码头运营企业主要的经营范围是其整合后的省内港口，此外还兼具了省内港口资源的统一投资建设和运营双重功能。

高质量共建21世纪海上丝绸之路，中国各港口企业不仅要投资基础设施建设，深化港口等基础设施联通，还要加快港航企业走出去发展，扩大港口企业经营范围，开展运营领域投资，加快拓展业务范围，多元化投资，以提升行业竞争力。纵观全球知名港口企业，迪拜港口世界集团从杰贝阿里自由贸易区，到欧洲伦敦的物流园区，再到美洲考塞多物流中心，足迹遍及全球；该集团还先后收购了南非物流巨头帝国物流和北美物流巨头 Syncreon；此外，迪拜港口世界集团还着眼于未来，目前已向 Virgin Hyperloop One 投资超过 1.15 亿美元用于开发 Hyperloop 货运系统，支持托盘货物快速、高效、可持续地进行交付，并计划在 2025 年推出商业货运服务；集团最近还推出了全新数字合规和收入平台——CARGOES Customs；也在为未来的自动化做准备，其与 DHL 供应链合作，率先开发仓库技术，同时也致力于实现 5G 应用。新加坡国际港务集团2021 年收购美国全球物流解决方案供应商百运达国际货运代理的所有股权，通过这项投资，该集团将受益于百运达在端到端供应链服务方面的全球专业知识。中国香港港口注重拓展物流服务，与惠州港口工业公司签署了《惠州港 GLP 国际物流中心项目意向书》。因此中国港口企业也要加快走出去的步伐，除了投资港口码头建设外，也要加大企业在物流园区建设、自贸区建设、数字化建设和物流供应链服务领域等方面的投资，并积极寻求与国际知名公司的合作机遇。中国企业要致力于拓展物流服务，开发先进的物流仓库和配送中心，可以以参股的方式投资或者收购相关企业，延伸拓展港口之外的物流服务，与已有的码头、仓储物流等形成串联，提升港口企业各个板块的连通性；借鉴知名企业对物流问题的解决方案，提供更为流畅的端到端到供应链服务，为用户提供便利，有效控制成本，加强盈利能力；在数字化建设方面投资，可进一步实现贸易智能化的愿景，并可促进无纸化贸易，简化了海关要求，提高了供应链效率。

鼓励民营企业参与海外港口运营合作。目前中国对海外港口投资的企业构成，央企、地方国企及民营企业的角色差距极大，央企的数量占82%、地方国企占10%、民营企业只占8%。中国港湾、中远海运和招商局集团是"一带一路"沿线港口建设参与最多的三家央企，而山东岚桥集团和江苏红豆集团则是中国民营企业海外港口投资的代表。因为港口等基础设施建设需要大量的资金投入，需要过硬的技术基础、先进的港航设备和顶尖人才，这些都是大部分民营企业难以满足的。而央企无论是在技术、设备、人才还是在融资和借贷方面都占据优势，能够及时应对航运业周期长、投入金额多、风险大等复杂问题，但这一优势会遭到西方国家或东道国的误解，认为带有浓厚的政治色彩。因此，虽然民营企业不如国企占据优势，但是民营企业在项目的初步阶段进入，可有效避免引起关于中国地缘战略考虑的疑虑，民营企业可能更易于与当地的民间社会融合。随着经济的快速发展，民营企业作为经济发展的重要力量，参与海外港口的运营合作势在必行。中国有关部门要积极出台相关政策，保障民营企业的利益，针对民营企业海外投资经验不足、风险防范不足等现象，给出详细注意事项和可操作性措施，鼓励支持民营企业走出去和积极参与海外港口项目合作，提升民营企业走出去的质量。

第八章

21世纪海上丝绸之路水运高质量发展路径——深耕智慧绿色

第一节   加快近零碳港口建设实现绿色引领

港口是21世纪海上丝绸之路的重要载体和节点，也是重要的战略资源。深耕海上丝绸之路沿线港口近零碳建设，是提高海上丝绸之路水运高质量发展的重要举措。本节从政策引领、合作协同发展、绿色技术引领及低碳港口宣传四个方面提出中国应如何加快21世纪海上丝绸之路港口的近零碳建设，进而为以绿色促进海上丝绸之路水运高质量发展做出贡献。

一、加强顶层设计与政策支持，保障绿色低碳的可持续性发展

加大对绿色低碳港口建设的政策支持，深化绿色低碳规划深度。同时，制定中国绿色低碳港口的总体规划，提出分阶段建设目标、分步骤建设路径、分地区实施细则等，做好绿色低碳港口建设发展的顶层设计。港口企业要落实生态主体责任，健全完善绿色生态港口相关制度体系，完善生态环境保护组织机构建设，健全责任落实、督查考核、资金投入机制，同时建立绿色港口企业文

化及教育培训等。对绿色港口建设进行顶层设计与政策支持，落实港口企业主体责任，是建设好中国绿色港口的引领性与导向性策略。只有明确的政策指引与导向，才能更好地规划中国绿色港口建设，才能成为引领海上丝绸之路绿色港口发展的"指路明灯"。

二、建立与海上丝绸之路沿线港口合作协调机制，共建绿色港口

海上丝绸之路沿线港口的区域合作与联合发展为港口的发展提供更广阔的发展契机，沿线港口之间的合作形成的是聚点成链的结构转变，可达到"1+1＞2"的效果。中国港口与海上丝绸之路沿线港口建立绿色港口联盟，从而达到高效率协作及资源信息共享，绿色低碳技术、绿色管理理念共享，由点及链，借助互补点形成错位发展，减少资源损耗，防止造成资源浪费，且能够极大程度地促进港口总体生产效率进一步提升，实现港口在生产经营和绿色低碳发展方面的共同目标。

中国港口在21世纪海上丝绸之路的角色不仅仅是供给者，更是构建了一种可合作的新格局，在这个格局中，沿线港口各取所需，通过交换、共建共营等方式，形成新的港口合作格局，共同促进21世纪海上丝绸之路水运的高质量发展。

三、提高技术创新与应用能力，引领海上丝绸之路近零碳港口建设

提高利用清洁能源的技术创新能力，例如，内集卡"油改气"技术、龙门吊"油改电"技术、港口岸电技术、分布式风电技术等，为港口用能体系转型提供技术支持。国内各大港口进行绿色低碳技术应用，努力实现港口绿色生态转型发展，例如，厦门集装箱码头有限公司的RTG"油改电"技术改造、流动机械的电动化改造、分布式光伏发电等项目，节能减排成效明显；南沙集装箱三期码头建设船用岸电设施、引进纯电动牵引车等项目，深入推进绿色港口建设。但目前，尚未形成完善的绿色低碳技术标准体系，中国应该抓住机遇，积极进行技术标准体系制定，统一国内标准，进而掌握国际绿色低碳技术的

话语权。

在形成国内统一标准体系的基础之上，进一步与海上丝绸之路沿线港口开展技术合作，引领21世纪海上丝绸之路沿线港口的低碳技术发展，助力21世纪海上丝绸之路水运高质量发展。

四、面向海上丝绸之路沿线港口中，加强宣传中国绿色低碳港口建设成就

通过与海上丝绸之路沿线港口建立协调合作机制，不仅能够协同发展，同时还可以借此宣传中国绿色低碳港口的建设情况。加强港口绿色低碳发展的宣传力度，积极开展港口环保宣传、低碳标准宣传等活动，通过具体落实相关举措促使各沿线港口能够真正认识到建设近零碳港口的重要意义，这样才能更好地推动海上丝绸之路沿线港口的环保型建设，更好地聚集优质的发展思路，推动21世纪海上丝绸之路水运的高质量发展。

第二节 加快智慧港口建设合作实现数字引领

港口是21世纪海上丝绸之路的关键节点，因此，深耕海上丝绸之路沿线港口智慧建设是提高21世纪海上丝绸之路水运高质量发展的必要条件。本节从治理体系引领、科技创新引领、成立联盟以协同发展、培养与引进领军人才四个方面提出加快智慧港口建设合作实现数字引领的建议，以期为以智慧建设提高21世纪海上丝绸之路水运高质量发展做出贡献。

一、完善体制机制，促进国内统一的智慧港航市场加速形成

一是建立国家层面的智慧港口发展领导小组，进行顶层设计，统筹决策统一领导。在国家层面建立智慧港口工作机制，由各级交通运输主管部门从国家和地方经济发展及港航产业布局等角度统筹规划和决策，制定智慧港口相关政策，进行顶层设计，明确智慧港口发展目标并推进，保障智慧港口的可持续发

展；形成国家层面的智慧港航标准体系，统一国内市场，引领国际市场。

二是建立沟通有效的专家机制和决策机制。智慧港口发展领导小组下设智慧港口发展专家组，在领导小组与专家组之间建立常态化的面对面对话机制，进行有效沟通，以便国家及时掌握智慧港口发展的最新动态，掌握智慧港口发展的主动权。

三是进一步提高港口企业在智慧港口战略决策过程中的参与度，推进智慧港口落地实施。目前中国智慧港口发展的战略决策主体主要以政府部门为主，港口企业的参与主要体现在政策实施环节，造成部分政策未能与产业发展相匹配，无法实现精准对接。企业是推动智慧港口落地的重要一环，对科技应用与产业竞争变化更为敏感，因此，应吸纳更多核心企业参与智慧港口战略决策过程，从而保证相关决策能够及时有效地响应智慧港口的落地实施。

通过建设更加具有协同性的智慧港口治理体系，从国家层面进行统一规划布局，进行顶层设计，从企业层面推动智慧港口落地，助推中国智慧港口加速发展。集中优势开展科技创新与实用性验证，突破关键技术，形成国内统一标准，积累技术与市场合力，形成先发优势，从而更好地服务海上丝绸之路沿线港口的智慧化发展，促进21世纪海上丝绸之路水运的高质量发展。

二、以智慧港口为节点，建立海上丝绸之路智慧港口联盟

一是与21世纪海上丝绸之路沿线智慧化程度高的港口建立智慧港口联盟，达成合作关系。从技术研发、国际标准制定等方面采取措施：在技术研发方面，与盟国开展智慧港口关键技术的联合开发与部署，如5G通信网络、人工智能、TOS、RFIO等，在智慧港口技术方面"走出去"与"引进来"。在国际标准制定方面，首先，维护现有的国际标准组织，策略性地谋求相关组织的领导席位，以维护中国整体利益；其次，倡导中国与21世纪海上丝绸之路沿线智慧化程度高的港口所建立的多国参与的智慧港口联盟，形成智慧港口话语体系，掌握话语权。

二是向海上丝绸之路沿线技术落后港口提供技术援助和资金援助。提高21世纪海上丝绸之路水运的高质量发展，不仅要与智慧化程度高的港口合作结

盟，更不能忽视沿线技术落后的港口。中国应本着互惠互利的思路对技术相对落后的港口提供经济援助和实质性的技术援助。例如，2022年3月底，中国与所罗门群岛签署了中所政府间安全合作框架协议，协议允许中国在其岛屿上建设港口基础设施和驻军。自2013年中国提出"一带一路"倡议以来，中国在全球港口基础设施领域的布局不断深化。

三、以智慧物流为纽带，建立海上丝绸之路货流信息平台

极端事件在对港口运营产生影响的同时，也进一步显示推进各港口码头自动化建设、智慧港口发展变得更加迫切，自动化、智能化发展被视为降低物流成本、提高物流效率的关键所在。随着互联网技术和信息技术的发展，智慧物流应运而生。与传统的物流模式相比，智慧物流具有数据驱动下的互联互通、深度协同下的高效运作及自我学习下的不断优化等优势。目前，国际贸易存在外贸成本高、信息化低下、信息交流不畅等问题，究其原因在于物流企业闭环式管理、各自为政的经营模式致使社会物流资源严重浪费，企业间信息壁垒导致产业成本居高不下，缺乏平台式的统一管理规则与机制。同样，中国与海上丝绸之路沿线国家之间的国际贸易也存在上述问题，因此，构建海上丝绸之路智慧物流平台显得尤为重要。

智慧物流平台在海上丝绸之路国际贸易中的主要业务可以包括电子订单凭证、订舱信息协同共享、物流追踪等。建立健全的海上丝绸之路国际物流信息平台，聚集多种国际物流资源，统一贸易规则与机制，降本增效，使智慧物流为海上丝绸之路国际贸易的发展做出贡献，进一步推动21世纪海上丝绸之路沿线各国之间的国际贸易，数字引领海上丝绸之路水运高质量发展。

四、注重智慧港航国际合作人才培养

一是引进领军人才。聚焦智慧港口建设和新兴重点研究领域，提升人才引进的质量和精准度，加快推动科技体制改革，形成符合国际标准的人才引进制度，构建符合全球高端人才偏好的人才引进平台，要坚持"引得进人才，留得

住人心"的人才引进策略，为实现21世纪海上丝绸之路水运高质量发展提供人才保障。

二是人才培养。建立与智慧港口发展相配套的人才培养体系，完善自动化、数字化、智能化等研究方向的人才培养方案，加快培养具有先进性的跨学科领域的新型人才。建立"产学研"一体的交流平台，重点发挥高校、科研机构等在培养新型人才方面的作用。加大智慧港口重点研究方向对青年人的支持，加强青年人才储备，构建人才储备后备力量。

三是注重国际交流。海上丝绸之路沿线区域大都是发展中国家，港航基础设施落后、技术落后，推动海上丝绸之路沿线港航的发展离不开拥有全球视野的专业港航技术人才、管理人才。人才是海上丝绸之路可持续发展的强大驱动力，具有举足轻重的关键作用，夯实人才基础，与海上丝绸之路沿线国家合作，联合培养智慧港航人才，内塑实力，实现国际共赢。

第九章

21世纪海上丝绸之路水运高质量发展路径——坚持合作共赢

第一节 构建水运高质量发展国际合作机制体系

一、构建海上运输保障外交与安全合作机制

为推动海上丝绸之路高质量发，有效应对海上安全挑战，共同维护海上运输安全，构建海上运输安全合作机制成为重要途径之一。此外，一国所制定的对外经济战略往往伴随着外交决策，尤其是在政经博弈复杂的海上丝绸之路沿线。因此，需要重视外交工作在海上丝绸之路高质量发展中的引领作用，以经济发展为首要任务，形成经济和外交相互促进的良性机制。综上所述，推动海上丝绸之路高质量发展，势必要构建有关外交与安全的海上运输合作机制。

一是加快多边参与、多元化合作机制的构建，推动国际合作发展。将打造命运共同体、推动一体化建设作为远期目标，海上丝绸之路的建设需要涵盖并融入多领域合作与治理机制，海上丝绸之路沿线国家需要加强沟通协调，构建海上运输安全合作机制。既要在《联合国海洋法公约》《制止危及海上航行安全非法行为公约》等全球性、国际性组织制定的国际公约框架内寻求协同保障

的成熟机制，又要致力于发展区域性的国际合作机制，如《亚洲打击海盗和武装劫船合作协定》《中国—东盟非传统安全合作机制》《南海行为准则》等，扩大已有多边机制的覆盖范围，更好地统筹沿线国家的一切可用资源，形成海上运输通道安全保障网，通过军事合作、社会组织合作、政府合作等形成海上运输通道安全保障力量的综合布局。

二是开展高层外交活动，增加政治互信。海上丝绸之路沿线国家众多，分布区域广泛，因此存在政治互信度不高的情况，并且因为域外大国对海上丝绸之路倡议的干预及沿线国家经济建设水平参差不齐，使得沿线国家开展安全合作存在动机不足的问题。此时，国家领导人之间的互访和相互交流有助于牵起双方沟通的桥梁，增加彼此间的了解，推动彼此深入探讨海上丝绸之路高质量发展的合作事项，促进海上运输发展在经济、安全、贸易等领域的一系列务实合作。因此，以外交来进一步增强政治互信，保持高层密切交往势头，深化经贸、安全领域合作，扩大人文交流合作，可推动中国与沿线国家关系上升到新高度。

三是注重重点区域、重点领域的国际合作。21世纪海上丝绸之路的发展仍存在风险和挑战，加强沿线国家的合作仍是大势所趋。充分利用现有的区域合作机制，共同商讨、解决海上丝绸之路建设的外交和安全问题。要加强与新加坡、泰国、越南等海上丝绸之路沿线国家的合作，通过互联网推广，以海上丝绸之路"朋友圈"为基础扩大南海合作交流圈，促进海上丝绸之路高质量发展。注重共同应对恐怖主义、海盗袭击等非传统安全领域的合作。对海上丝绸之路沿线国家而言，海上通道是其国家经济的重要生命线之一。然而，在国际海上安全新格局背景下，海上运输面临着恐怖主义、海盗袭击、海上封锁等非传统安全威胁，各国针对非传统安全问题需要进一步加强合作沟通。加大海上丝绸之路沿线国家间的海上执法合作力度，尤其是与马六甲海峡、几内亚湾、索马里等重点海域、通道沿线国家就非传统安全问题建立海上安全执法合作机制，扩大海上执法范围、加强海上执法力度、保障海上运输安全。注重海上溢油、海上搜救等突发事件应急合作。海上溢油应急和海上搜救工作事关海上丝绸之路沿线国家经济社会发展、人民生命财产和海洋环境安全，是海上丝绸之路高质量、可持续发展的重要保障。充分发挥中国在海上丝绸之路发展中的引导作用，有效整合关键海域、通道邻近国家的力量，联合沿线各国建立反应灵敏、协调有序、运转高效的海上应急协作机制，切实提高海上溢油、海上搜救等突发事件的应急处置能力。注重法治合作，构建理念认同、全方位沟通交流的海上丝绸之路法治合作平台。确保海上丝绸之路沿线国家利益诉求的统一，通过构建法治合作平台有利于沿线各国在发展中探索共同利益、求同存异，各国通过相互理解和协商在经济、外交、政治等领域形成统一理念，形成双赢或者多赢的局面。

二、构建港口与城市合作机制

港口作为陆地和海洋的交汇点，在联通21世纪海上丝绸之路中的重要性不言而喻，港口城市间加强合作，将为"一带一路"建设提供有力支撑和保障。沿线港口与城市之间的合作有助于提高贸易、商业、金融、文化的发展，增加财政收入，还能提高社会的服务水平，因此推动海上丝绸之路高质量发展有必要与沿线国家地区建立多种形式的合作关系，构建港口与城市合作机制。

一是以产业园区共建为着力点，加强友好城市交流合作。海上丝绸之路不只是一条经贸线或者海上航线，也不只是某个项目运作平台，而是"多层次、多维度、多平台共同编织而成的网络"，网络节点则是各国的港口、产业园区、口岸等，这些节点又由各国城市管理，城市则是"一带一路"网络中实际意义上的连接点。要将产业园区建设和投资作为港口、城市及产业链供应链合作的纽带，充分发挥多种类型产业园（如中国菲律宾的"两国双园"、中国钦州产业园区与马来西亚关丹产业园区共同开辟的"两国双园"、中泰新丝路塔吉克斯坦农业纺织产业园、白俄罗斯的中白工业园、巴基斯坦瓜达尔自贸区、招商局集团参与开发建设的吉布提国际自贸区等）的经验与优势，加强中国与友好、合作潜力大、功能互补性强的城市往来，推动中国与沿线国家城市缔结友好城市，扩大友好城市规模与范围，互设办事机构、签订合作协议、增进友谊。

二是以海上丝绸之路世界文化遗产联合申报为切入点，推进与沿线国家城市文化的交流合作。文化通则观念通、情感通、民心通，文化是连接沿线各国城市与港口沟通的桥梁，中国与沿线各国主要城市应进一步加强交流合作，深入挖掘丝绸之路遗产内涵，更多地开展文化、教育、科技、旅游等领域的交流活动，互学互鉴，扩大多元文化交流，推动文化项目合作和文化产业共同发展，寻求文化交流合作的新领域和新项目，建立长期稳定的城市文化交流合作机制；扩展海丝世界文化遗产申报形式，从单一的遗产点申报，逐渐发展跨部门、跨地区、跨国家的申报，要与沿线各国城市通力合作，研究制定跨国联合申遗策略，推动海上丝绸之路跨国联合申遗，持续加强与联合国教科文组织等国际组织、海上丝绸之路沿线国家地区的国际协商与合作，共同做好海上丝绸之路保护，构建丰富多彩的文化遗产交流合作机制。2014年6月，在卡塔尔首都多哈召开的第38届世界遗产大会上，中国与吉尔吉斯斯坦、哈萨克斯坦联合提交的"丝绸之路：起始段和天山廊道的路网"是中国首次进行的跨国联合申遗，其入选了《世界遗产名录》。

三是以港口城市联盟为支撑点，加强与沿线港口城市的友好港建设和交流合作。港口是对外开放的重要平台，是联通世界的前沿窗口，港口为其他产业的发展提供了有力支持和保障，推动了城市经济发展，友好港、港口城市联盟的建立是实现"一带一路"倡议与互联互通战略对接的需求，有利于推动21世纪海上丝绸之路水运高质量发展。友好港建设要进一步建立多层次、多领域的交流模式，同时友好港口之间要做到基础信息、海上紧急事件处理、物流贸易等信息实时共享，有利于提升合作效率与合作水平；港口城市联盟要不断创新联盟合作形式，推动合作形式多元化和运用灵活化，将点对点的双边港口合作上升为多边港口合作，完善港口合作机制，逐渐扩大沿线国家港口城市联盟的朋友圈。当前顺利进展的港口城市联盟合作如中国—东盟港口城市合作网络，双方协力合作，携手共建，推进双方港口城市之间相互通航、港口建设、临港产业、友好城市、文化旅游等方面的合作，以港口城市之间的合作带动经济之间的合作，促进地区之间的经济发展，实现双赢。

三、构建技术交流与标准推广国际合作机制

为推动海上丝绸之路水运高质量发展，共同促进海运技术进步与可持续发

展，构建技术交流与标准推广国际合作机制成为重要途径之一。开展规范和可持续的国际技术交流，通过国际合作的方式促进高新科学技术"引进来"与"走出去"并行，同时积极参与标准推广合作机制构建是海上丝绸之路水运高质量发展的重要举措。

一是开展规范和可持续的国际技术交流，引进来、走出去并行。开展规范和持续的国际技术交流是科技工作者开阔视野、及时了解国际科技前沿发展动态、促进科技工作者沟通合作、实现科学技术创新成果共享的有效途径。国际技术交流可以通过期刊、互联网技术交流平台、技术交流会、技术论坛、科技大讲堂、峰会等形式进行构建。通过与海上丝绸之路沿线国家进行水运相关领域的技术交流合作，介绍和推广中国相关技术创新理论和方法，交流技术创新实践经验和成果，同时，吸收引进国外先进技术，使海上丝绸之路相关专业技术科技人员掌握最新的技术理论和方法，开拓技术创新视野，提升技术创新能力，激发技术创新热情，提高海上丝绸之路沿线技术创新成功率，宣传和培育优秀的科技工作者，以期实现提升海上丝绸之路水运发展水平的目的。

二是积极参与标准推广合作机制构建。2018年1月，马士基联手IBM推出基于区块链技术的数字行业平台——TradeLens；同年11月，由中远海运牵头的9家港航企业联手打造了首个航运业区块链联盟GSBN；2019年4月，由全球四大集装箱班轮公司丹麦马士基、瑞士地中海航运、德国赫伯罗特和日本ONE联合成立的数字集装箱航运协会（DCSA）成立。各大航运巨头纷纷加快了数字化转型的步伐，数字化是航运企业发展转型的方向，制定数字标准有利于消除国际航运贸易中的技术壁垒、促进技术进步、促进国际经济技术交流与合作，是掌握未来全球数字航运话语权的核心。当前国际环境复杂多变，中国的国际贸易和供应链安全仍然面临诸多挑战。海运是国际贸易的关键环节，但中国的海运市场长期掌握在国外巨头手中，因此，中国应当重视国际水运技术标准的制定与推广。在国内方面，应当建立健全完善的水运数字化技术标准体系，统一国内技术标准，形成国内统一大市场，建立中国标准。在国际方面，基于国内技术标准体系，积极参与国际技术标准的制定，与海上丝绸之路沿线国家寻求国际合作，构建国际水运技术标准推广机制，推广中国技术标准体系，在海上丝绸之路的建设中发挥中国作用、提出中国诉求、推广中国标准，增加中国的国际话语权。

第二节　扎实推进重点领域国际合作

以合作视角认知发展，以合作途径谋划共赢，只有合作共赢才能办大事、办长久之事。在全球化大背景下，国际合作既是时代潮流，也是推进水运高质量发展的目标方向；国际合作不仅紧扣地区发展脉搏，而且促进国家战略对接和互利共赢伙伴关系的培育，进而助推海上丝绸之路战略的实施。在重点领域开展更大范围、更高水平、更深层次的国际合作，加强金融、科技创新和人才培养合作，促进各国相互了解、增信释疑，推动各国取长补短、互惠共赢。

一、以点带面，创新国际重大工程项目合作模式

设施联通是合作发展的基础，在交通大国的建设中，中国积累了较为丰富的重大工程建设经验，在国际、国内完成了一系列举世瞩目的工程项目。未来在扩大交通基础设施互联互通中，要做到以下几点。

一是发挥好现有国际重大交通工程的示范作用。既要扩大以洋山港智能化码头为代表的国内智能港口宣传力度，推进大型港口智能化建设关键技术应用于"一带一路"建设中，又要以瓜达尔港、科伦坡港口城、哈雷新港、汉班托塔港、比雷埃夫斯港等国外港口建设、运营、码头施工、疏浚吹填等展现示范中国的港口建设技术与能力。如2021年9月，洋山四期自动化码头被"复制"到以色列海法新港，这是中国企业首次向发达国家输出"智慧港口"先进科技和管理经验；科技部2020年国家重点研发计划"大型港口智能化建设关键技术联合研发与示范"将正式应用于招商局集团控股的科伦坡国际集装箱码头，助力"一带一路"国家码头智能化，以提升效率和降低成本。

二是力争建设一批国际重大工程。依托"一带一路"建设平台，推动中欧铁路通道建设与完善，在主要货源地、主要铁路枢纽、沿海重要港口、沿边陆路口岸等与沿线国家共同建设一批中欧班列枢纽节点。完善海外战

略支点布局，构建联通内陆、辐射全球的21世纪海上丝绸之路国际运输通道。

三是推动完善国际重大工程项目互联互通。当前海运服务覆盖了沿线所有的沿海国家，还要加强与其余国家的海运合作，积极打造丝路海运品牌，提供高质量海运服务；加快推进口岸基础设施建设，推进设立口岸基础设施和重大通道建设联动协调机制，并积极参与冰上丝绸之路建设。

四是适度参与海外经营。随着"一带一路"倡议的不断推进，中国企业"走出去"步伐也在不断加快，要引领企业进行海外拓展，为企业赢得更广阔的发展空间，努力实现"一带一路"建设与企业"走出去"同步推进；投资海外优质建设项目并参与经营，同时要与全球上下游产业链企业合作，拓展资本来源，降低投资运营风险，提升国际合作水平；加大投资力度，提升海外项目经营权。

二、以国际组织为纽带，提高国际交通治理参与力度

中国与国际组织合作，既是共建"一带一路"的最佳路径，也是"一带一路"倡议宗旨的极佳宣传平台。近年来的突发事件是对"一带一路"建设的大考验，新形势使得中国积极参与国际组织活动的重要性凸显。

一是要提升国际组织的参与力度，积极参与国际交通组织。2012年是中国首次作为正式成员参加国际交通论坛，把中国发展交通事业的经验介绍给其他国家的同时，也可以学习世界各国在交通发展方面的经验和成果。中国要积极参与水运方面具有国际影响的组织（国际海事组织IMO等），推动标准国际互认，提升中国标准的国际化水平，加大高端人才输送，强化本国履职能力，不断提升在组织中的话语权。如中国积极参与国际组织事务，多次当选或连任国际海事组织A类理事国。

二是组织承办更多的交通国际会议。为鼓励和促进中国交通领域广大科技工作者与世界同行的交流与合作，在中国举办的世界交通运输大会，包括学术交流、成果展示、科技合作等，为国际交通行业发展提供了交流平台，提高了中国在交通领域的话语权；中国举办的"一带一路"国际高峰论坛，提出了要

构建全球互联互通伙伴关系，论坛期间，有关国家和国际组织还在交通、贸易、审计、科技、文化等领域同中方签署了100多项多边、双边合作协议。未来，中国要争取承办更多具有国际重要影响力的交通会议，扩大在科技、学术、文化领域的交流，为世界了解中国提供窗口。

三是组织建立高级别的国际联盟。通过定期召开国际会议，建立沟通协商机制，进而推进务实合作。比如建立21世纪海上丝绸之路港口联盟，组织沿线港口城市共同研讨港城发展思路、海运资源配置、水上通道安全等，逐步达成共识，推动交通运输开发合作成果惠及各方；2020年，筹备三年的"一带一路"国际交通联盟正式成立，将在专业人才培训、联合举办活动、科研项目等方面加强合作，促进交通领域技术创新，今后联盟将逐步完善组织机构，开展高端研讨会与联合研究。

四是打造国际交通合作伙伴。中国先后参与"全球海运能效伙伴""2050绿色航行"等国际合作项目，持续加强与俄罗斯在智能交通、基础设施建设等领域的合作，加强与欧洲国家在可持续发展、自动驾驶（船舶）等前沿领域的合作，与中东欧国家建立海运合作机制等，深化交通领域的国际合作，结识更多的国际交通领域的合作伙伴。

五是加强国际交通组织人才培养。国际化发展背景下的交通行业人才不仅需要海运方面良好的理论基础、专业技能，还需要熟悉外国文化、国际规则和熟练使用多国语言，因此为了提高具有国际竞争力的人员的语言水平，实现国际交通人才培养目标，应该加强培养"专业+外语"的国际交通人才。

三、开展国际金融合作

金融合作是"一带一路"沿线国家经济、贸易与投资合作的重要支柱，构建合作共赢的"一带一路"国际金融合作新体系既是"一带一路"高质量发展的应有之举，也是保障"一带一路"高质量发展的前提条件。"一带一路"倡议的核心是基础设施的互联互通，从目前情况看，各区域的水运基础设施投资缺口巨大，已成为互联互通和区域融合的障碍，在这种背景下，加强基建投资是促进区域融合发展的迫切要求。

一是充分利用中国主导的国际金融资本。中国主导筹备成立了初始资本为1 000亿美元的金砖国家新开发银行和亚洲基础设施投资银行，并出资400亿美元成立丝路基金，为"一带一路"沿线国家水运基础设施等项目提供投融资支持。这些举措推动了中国港航企业开展国际化经营，实现以资本输出带动装备、技术服务等输出，拓展海外市场。

二是打造国际资金池，吸引国际资金。海上丝绸之路互联互通的基础设施建设需要巨大的资金支持，资金来源除了中国主导的国际金融资本外，海上丝绸之路高质量发展还需打造国际资金池、拓展融资渠道、创新融资模式，把全世界的资金都调动起来，加强与世界银行、国际货币基金组织等机构的合作。商业银行可以围绕"一带一路"项目建设的需要，创新金融产品，将"一带一路"建设的远期红利转化为近期、中期可见的投资收益，加强产品创新，在金融市场上吸引更多国际投资者进入"一带一路"的建设。

三是建立服务于海上丝绸之路发展的金融合作机制。经济的发展离不开贸易，更离不开投融资。在世界银行、亚洲开发银行等国际金融机构的基础上，进一步构建区域性金融组织，如中国—东盟海上合作基金、亚洲基础设施投资开发银行等服务于海上丝绸之路发展的金融机构。加大力度推动海上丝绸之路沿线贸易合作机制，顺应第一代国际贸易规则向第二代升级的趋势，推动自由贸易区建设，尤其是中国—东盟自贸区等海上丝绸之路沿线重要自由贸易区的启动和推进，加快完成双边自贸协定的签订。中国—东盟双方在原有的自贸区合作平台上，将21世纪海上丝绸之路项目融入中国—东盟合作体系，并成功签署中国—东盟自贸区升级谈判成果文件，完成了中国在现有自贸区基础上的第一次升级协议。

四、开展国际化人才培养合作

人才是国家发展的重要基础与保障，在当今的全球化时代，国际人才流动、国际人才竞争是人才培养的重要特征。特别是在"一带一路"倡议提出后，落实推动海上丝绸之路水运高质量发展对中国的国际化人才培养提出了新的挑战，而开放合作也需要国际化人才的支撑，因此有必要培养具有竞争力的国际化人才。

一是加强复合型高层次培养。由于政治、文化、经济等方面的差异，大部分国外投资环境相对陌生、复杂，而且随着科技飞速发展，新技术、新产业越来越多，此外随着碳中和等理念的提出，航运对绿色发展提出了要求，需要一批具有国际化意识和胸怀、国际一流知识结构的复合型高层次人才。这些人才要在交通开放合作过程中把握机遇、争取主动，做出科学决策，应对来自政治、经济、技术等方面的风险。

二是扩大技术培训力度。通过组织承办发展中国家技术培训班项目，围绕"一带一路"沿线水运基础设施项目发展中技术装备、运营管理等内容，为欠发达国家地区人员提供技术培训，提升当地人参与海上丝绸之路建设的成就感，提高当地交通建设、管理水平，真正让中国方案世界共享，实现合作共赢。

三是进一步加大国际人才引进。建设一批外国人才科技创新载体，依托国家的重大工程项目和创新基地聚集国际高端人才，畅通国际科技组织和高端人才落地中国的制度渠道，推进对海外高层次人才的工作许可，建立高效便捷的外国人才管理制度，加大交通领域"高精尖缺"的外国人才引进力度，逐步补强交通技术领域的短板，提升中国的国际知名度与影响力。

四是加强交通领域教育交流合作，着力培养技能人才。"一带一路"的繁荣发展，离不开各领域的人才支撑和保障。高质量发展海上丝绸之路，要提升交通人的国际格局，培养和集聚国内外的"一带一路"人才，实现人才的"互联互通"；在发掘和利用已有国际人才的同时，需要加强"一带一路"留学交流与教育合作。围绕"一带一路"发展需要设置相关专业和课程，吸引更多沿线国家的学生来华留学，同时也鼓励中国大学生在读期间到"一带一路"沿线国家交流学习，了解当地政治、经济、文化、交通情况，培养更多熟悉、了解双方状况的青年人才，从而为双边开展务实合作奠定良好基础，并为"一带一路"的长期发展储备人才。此外，我们还应加强与沿线各国的中等技能教育合作，不仅接收沿线各国学生来中国参加技能教育，还可以结合大型企业和投资项目，向沿线国家输出相关的中等技能培训项目，为当地培养更多的技能人才。

五、开展国际科技创新合作

创新是引领发展的第一动力，科技创新合作是推动21世纪海上丝绸之路迈向高质量发展的重要力量，也是中国应对世界环境和国情变化、扩大开放、实施创新驱动发展战略的重大需求。面对世界经济和创新格局的深度调整，需要中国在"一带一路"建设中大力推进国际科技创新合作。经过近些年的发展，中国积累了大量先进适用技术和科技人才，中国已经成为世界科技创新的重要贡献者，因此，在交通运输开放合作进程中也要牢牢把握国际科技创新的引领作用。

一是以科技创新推动国际标准与规则制定。依托交通运输设施装备的走出去和对海外港口基础设施的承建，努力推动交通强国创新体系中较为成熟的技术转化为国际标准，形成国际认可的规则，把中国港口建造的技术经验、航运服务体系，以标准、规则的方式，推向世界；如"丝路海运"在推广"一套标准"方面，先后发布了"港口服务标准""多式联运港站服务标准""中远海上丝绸之路海运航线服务标准"等，形成《丝路海运港口服务标准》等成果。

二是以新业态引领国际新秩序。中国科技创新能力明显增强，在许多前沿科技领域方面已经具备一定的创新优势，而科技创新发展正不断创造着新产业、新业态，新业态的迅速发展打破了现有的秩序规则，未来这种新业态的涌现态势将进一步扩大，因此要以创新为主引擎，加快发展新产业、掌握新技术、催生新业态、应用新模式，推动自主创新、协同创新、融合创新，推进海上丝绸之路核心区全面创新发展试验，融合催生一批新业态，引领新业态发展，为行业、世界提供中国方案。

三是以平台构建促进国际技术转移、转化。结合沿线国家及国际上其他国家的重大科技需求，鼓励中国科研机构、高等学校和相关企业与其他国家相关机构合作，围绕港航基础设施、临港产业园区等重点领域共建联合研究中心，共同推进高水平科学研究，开展科技人才的交流与培养，促进中国与其他国家双向先进适用技术的转移和成果转化，提升国际整体科技能力；鼓励各技术转移中心构建国际技术转移服务联盟，为国际创新合作和技术转移转化提供新的载体，推动中国的科技、人才、信息等资源与国际需求相结合。如在厦门成立的"21世纪海上丝绸之路国际科技创新与成果转化合作联盟"，其致力于推进创新链、产业链、金融链等全链融合，完善促进成果转化的生态服务体系，探索金砖国家创新合作新机制。

四是以深化科技创新合作贡献中国智慧。借助"一带一路"科技创新合作，进一步深化科技创新开放合作，以中国智慧推动国际科技创新合作再上新台阶。如分享中国在科技园区建设、港航基础设施建设、洲际海底光缆建设、国际绿色港口枢纽建设等方面的技术与经验，加强与世界各国在新技术、新标准、新产品方面的合作，共同提升科技创新能力；深化科技创新合作，推进绿色丝绸之路建设，加强绿色丝绸之路国际合作平台建设，构建更紧密的绿色发展伙伴关系，不断加强政策对话和沟通平台、环境知识和信息平台、绿色技术交流和转让平台建设，聚焦绿色基建等重点领域，为沿线国家提供绿色解决方案，贡献中国智慧。